中国保险行业协会　编著

国际保险中介
市场发展及监管体系研究

GUOJI BAOXIAN ZHONGJIE
SHICHANG FAZHAN JI JIANGUAN TIXI YANJIU

中国财经出版传媒集团
中国财政经济出版社

图书在版编目（CIP）数据

国际保险中介市场发展及监管体系研究／中国保险行业协会编著. --北京：中国财政经济出版社，2022.11

ISBN 978-7-5223-1717-5

Ⅰ.①国… Ⅱ.①中… Ⅲ.①国际保险-中介组织-市场-发展-研究 ②国际保险-中介组织-市场监管-研究 Ⅳ.①F840.685

中国版本图书馆 CIP 数据核字（2022）第 195670 号

责任编辑：郭爱春　　责任校对：张　凡
封面设计：王　颖　　责任印制：党　辉

国际保险中介市场发展及监管体系研究

GUOJI BAOXIAN ZHONGJIE SHICHANG FAZHAN JI JIANGUAN TIXI YANJIU

中国财政经济出版社 出版

URL：http：//www. cfeph. cn

E-mail：cfeph@ cfeph. cn

社址：北京市海淀区阜成路甲 28 号　邮政编码：100142

营销中心电话：010-88191522

天猫网店：中国财政经济出版社旗舰店

网址：https：//zgczjjcbs. tmall. com

北京时捷印刷有限公司印刷　各地新华书店经销

成品尺寸：170mm×240mm　16 开　16.75 印张　206 000 字

2022 年 11 月第 1 版　2022 年 11 月北京第 1 次印刷

定价：79.00 元

ISBN 978-7-5223-1717-5

（图书出现印装问题，本社负责调换，电话：010-88190548）

本社质量投诉电话：010-88190744

打击盗版举报热线：010-88191661　QQ：2242791300

编 委 会

首都经济贸易大学：

白玉兰　白美娇　葛啸　高沙沙

达信（中国）保险经纪有限公司：

朱芳莹

中怡保险经纪有限责任公司：

于　达

韦莱保险经纪有限公司：

范裕斌　裔　慧

编审组：**中南财经政法大学：**

刘冬姣

德华安顾人寿保险有限公司：

钱建军

永达理保险经纪有限公司：

高伍季　黄伟立　曲哲　耿一宁

日本财产保险（中国）有限公司：

金永梅

东京海上日动火灾保险（中国）有限公司：

崔哲男　李思浔

明亚保险经纪股份有限公司：

杨浩田

友邦人寿保险有限公司：

朱晓波　高颖君　吴思莹

江泰保险经纪股份有限公司：

张志安

目　录

理论篇

欧洲篇

美洲篇

亚太篇

中国篇

启示与思考篇

理论篇

在现代金融体系中，保险业有着举足轻重的地位。自20世纪80年代中国恢复保险业务以来，保险业在变革中求发展，始终发挥着保障人民生活、服务实体经济、服务中国经济社会建设的功能作用，已成为金融领域独具魅力与生机的一个分支。根据国家金融行业标准中的保险术语，保险中介是介于保险机构之间或保险机构与投保人之间，专门为保险交易双方提供保险销售、业务咨询、风险管理、投保方案安排、风险评估、损失鉴定与理算、代理查勘及理赔等服务，并从中依法获取佣金或服务费的个人和单位。

根据英美等保险市场的发展经验，保险中介组织的存在与发展对于健全保险市场有着重要意义。保险中介的诞生是保险市场逐渐走向精细化分工的成果，它不仅推动了保险行业的发展，也促使了保险行业的供需双方迅速准确的对接，还降低了保险供给方的经营运作成本，使其可以将精力聚焦在创新险种研发、市场调研、保险资金运用、保险偿付能力管理等传递迅速、运转高效的关键性制度建设中。作为中国保险业改革开放的重要标志，中国保险中介伴随着保险业市场化进程应运而生。在过去的40多年，保险中介从步履蹒跚到稳健发展，已实现了跨越式发展，并逐渐探索出多元化、专业化的道路。

第一章　导论

第一节　保险中介相关的基本概念

保险中介是在保险经营机构之间或是在经营机构与投保人之间展开中介服务，并从中获取佣金的机构或个人。其主要服务内容包括：保险业务咨询与招揽、风险管理与保险安排、财产价值衡量与评估、损失鉴定与理算等。

根据英、美等保险市场的发展经验，保险中介组织的参与，对于保险市场的运作有重要作用。一个成熟健全的保险市场应包含三大主体：保险供给主体（即具有保险经营资质的保险经营机构）、保险需求主体（即需要购买保险保障以应对不确定性风险的消费群体）及保险中介主体（即为供需双方提供需求匹配及相关保险服务的中介机构）。在现代市场经济中，中介机构除了提供传统意义上的沟通买卖双方的服务，还承担一些原本属于交易双方的功能。保险中介作为保险市场重要的组成部分，在销售保险产品、改进保险服务、提高市场效率、普及保险知识等方面发挥了重要作用。

一、保险中介的定义范畴

保险中介是在保险经营机构之间或者是在经营机构与投保人之间开

展中介服务，专门从事保险业务咨询与招揽、风险管理与安排、价值衡量与评估、损失鉴定与理算等活动，并从中收取佣金的机构或个人。保险中介是保险市场不可或缺的组成部分，它因保险市场的发展而产生，又对保险市场的进一步发展起推动作用。

根据本地保险市场特征、管理要求等差异，国际上对于保险中介归属范畴的定义不同，有狭义和广义之分：狭义的保险中介人包括保险代理人、保险经纪人和保险公估人三种；广义的保险中介人，除了包括上述三种外，还包括与保险中介服务有直接关系的单位和个人，如保险精算人员、保险顾问、保险咨询服务人员、保险技术服务人员、保险法律服务人员、保险中介行业协会、保险中介考试机构和保险中介评估机构等①。

世界上部分国家对保险中介的归属范畴见表1-1。

表1-1　　世界上主要国家对保险中介的归属范畴

国家	保险中介范畴
美国	保险代理人、保险经纪人、保险理算人
中国	保险代理人、保险经纪人、保险公估人
英国	保险代理人、保险经纪人、保险公估人
德国	保险经纪人、保险代理人
日本	保险代理人、保险经纪人、保险公估人
新加坡	保险代理人、保险经纪人
澳大利亚	保险代理人、保险经纪人、损失理算人、核保代理人

各个国家的保险中介均包含保险代理人与保险经纪人，两者在各国保险市场所处的地位不尽相同，如日本与新加坡是以保险代理人为主，保险经纪人为辅的模式；德国与英国是以保险经纪人为主，保险代理人为辅的模式。

---

① 叶安照．我国保险中介市场的构建及监管制度研究［D］．广西大学，2003.

二、保险中介的分类

保险中介的主体形式主要包括保险中介机构和保险营销员。保险中介机构可分为专业机构和兼业机构。保险专业中介机构是指专门从事保险代理、经纪和公估业务的公司，包括保险代理机构、保险经纪机构和保险公估机构。保险兼业代理机构是指在从事自身业务的同时，受保险人委托代办保险业务的单位。保险营销员是指受保险公司委托，在保险公司授权范围内从事保险销售活动，并向保险公司收取佣金的个人。对于保险中介的形式与范围，不同国家有不同的解释，尚未形成统一标准。本书主要采用狭义保险中介的概念，即分为保险代理人、保险经纪人和保险公估人三类。

（一）保险代理人

1. 保险代理人的定义

我国的保险代理人是受保险人委托收取佣金，在保险人授权范围内代为办理保险业务的机构或个人。保险代理人代表保险人的利益，其主要职责包括：宣传推销保险产品、代为销售保险单和代为收取保险费等。

2. 不同国家和地区的保险代理人

不同国家和地区保险代理人按不同的标准进行分类。美国的保险代理人按其代理产品种类不同，分为人寿保险（以下简称寿险）代理人、事故及健康险代理人和财产责任险代理人；按保险代理人代表保险公司数量的多寡，分为专业代理人与独立代理人。日本根据保险代理人服务的市场进行分类，分为人寿保险营销人和财产保险（以下简称财产险）代理人两种，前者主要应用于寿险市场，后者主要应用于财产险市场。新加坡保险代理人包括个人代理人、公司代理人、特定行业代理人（TSA）以及指定代理人。指定代理人即保险代理人的代理人。其中，特定行业代理人（TSA）从事的核心业务不是保险业务，而是在其从事核心业务活动的过程中，附带销售一种保险产品，属于兼业代理人。

在中国，保险代理人包括保险专业代理机构、保险兼业代理机构及个人保险代理人。保险专业代理机构是专门从事保险代理业务的保险代理公司；保险兼业代理机构是指利用自身主业的相关性兼营保险代理业务的企业；个人保险代理人是指受保险公司委托从事保险代理业务的人员。中国台湾地区保险代理人按照代理业务的不同，分为财产保险代理人和人身保险代理人。中国台湾地区没有兼业代理机构，银行、券商、车商等机构如果要销售保险产品，需要自己投资设立代理或经纪公司，也可以与代理或经纪公司合作。

（二）保险经纪人

1. 保险经纪人的定义

我国的保险经纪人是基于投保人利益，为投保人与保险公司提供中介服务的机构，并收取一定佣金。保险经纪人代表投保人的利益，其经营业务包括：为投保人拟订投保方案、选择保险公司及办理投保手续；协助被保险人或者受益人进行索赔；再保险经纪业务；为委托人提供防灾、防损或者风险评估、风险管理咨询服务等。

2. 保险经纪人的分类

根据委托方的不同，保险经纪人可以分为直接保险经纪人和再保险经纪人。再保险经纪是基于原保险人利益，保险经纪公司与原保险人签订委托合同，为原保险人与再保险人安排再保险业务提供中介服务，并按约定收取中介费用；直接保险经纪是基于投保人利益，为投保人与保险人订立保险合同提供中介服务，并按约定收取中介费用。

3. 不同国家和地区的保险经纪人

在欧美地区，英国的保险经纪人一般分为寿险经纪人与非寿险经纪人，经手客户保费经纪人与不经手客户保费经纪人，一般保险经纪人与劳合社经纪人等。美国的保险经纪人主要活跃在财产与责任保险领域，在财产保险经纪人中有独立经纪人和经纪公司，在某些州，当财产保险的独立代理人领有 15 家以上公司代理的执照时，会被称为独立经纪人。

在亚太地区，中国保险经纪人的存在形式是保险经纪公司，采取有限责任公司或股份有限公司的组织形式。新加坡的保险经纪人包括直接保险经纪人、一般再保险经纪人、寿险再保险经纪人。直接保险经纪人主要从事除寿险和再保险业务之外的一般保险、长期意外及健康保险的保险经纪业务；一般再保险经纪人从事非寿险的一般再保险经纪业务；寿险再保险经纪人主要从事与寿险业务有关的再保险经纪业务。

（三）保险公估人

1. 保险公估人的定义

我国的保险公估人是指专门接受委托，对保险标的或者保险事故进行评估、勘验、鉴定、估损理算的风险评估机构。保险公估人不代表任何一方的利益，以保证其公平性。在国外，保险公估人也被称为保险理算人或保险公证人。

2. 保险公估人的分类

根据业务活动顺序，保险公估人可分为承保公估人和理赔公估人，前者负责对保险标的现时价值和风险评估，后者对保险事故发生后保险标的损失程度及分担责任进行评定。

根据业务性质，保险公估人可分为保险型公估人、技术型公估人和综合型公估人。保险型公估人侧重解决保险金融等相关的问题，技术型公估人侧重解决技术问题，综合性公估人则需要同时掌握两方面的技能。

根据业务范围，保险公估人可分为海上保险公估人、汽车保险公估人和火灾及特种保险公估人。

根据委托方式，保险公估人可分为接受保险公司委托的公估人和只接受被保险人委托的公估人，不论委托方是谁，保险公估人都必须站在中立角度。

根据公估方与委托方关系，保险公估人可分为雇佣保险公估人和独立保险公估人。前者长期受聘于一家保险公司，一般不接受其他保险公司的委托业务；后者可以接受多家保险公司的委托，一旦委托业务结束，则双方关系终止。

3. 不同国家和地区的保险公估人

美国的保险公估人被称为保险理算人，分为三类：公共理算人、独立理算人和公司理算人。公共理算人代表被保险人，独立理算人和公司理算人代表保险人。在日本，个人保险公估人一般受聘为保险公司顾问，另外还有一些机构保险公估人，如保险公估事务所。

在中国大陆，保险公估机构包括保险公估公司和保险公估合伙企业。保险公估从业人员包括公估师和其他具有公估专业知识及实践经验的评估从业人员。中国台湾地区的保险公估人被称为保险公证人，分为普通保险公证人、海事保险公证人和一般及海事保险公证人三种。

第二节 保险中介的起源与发展历程

一、保险中介的起源

本节主要按照保险代理人、保险经纪人和保险公估人三种中介形式展开介绍。

（一）保险代理人

1762 年英国公平保险社成立，公平保险社采取的是银行销售模式，在城市里设立网点。此外，公平保险社还借助广告宣传和客户推荐的渠道来推广，此时具备了保险代理人的雏形。1792 年英国威斯敏斯特保险公司另辟蹊径，放弃了银行销售模式，第一个采用保险代理人模式。

他们雇佣的代理人来自郊区，身份大多是有社会地位的人，如银行家、商人、律师，利用这些人的身份将保险推销出去。1840 年，美国建立了现代保险代理人制度，当时的美国学习英国的相互保险制度，成立了大量相互制保险公司，形成风险互助机制。

中国从 19 世纪初开始出现保险业和保险代理，经历了三个发展阶段，分别是外商垄断下的保险代理业、民族保险代理业和新中国人民保险代理业。1980 年，中国保险业和保险代理不断恢复和发展，但行业整体发展速度缓慢。1992 年，美国友邦保险公司进驻中国，在上海设立保险公司，引起了中国寿险市场的巨大轰动，也标志着现代保险代理人制度正式引入中国。

（二）保险经纪人

在 17 世纪的英国，保险经纪人制度起源并逐渐发展成熟，在国际上英国是推广保险经纪人的国家。美国保险市场开展业务则主要以保险代理人为主，同时独立代理人也兼具经纪人身份，可以将业务安排给他们选中的保险公司。日本保险代理人展业和保险公司直接展业是保险公司营销的主要手段，1996 年日本保险业实行改革并允许保险经纪人进入保险市场。

保险经纪人在国际上已经拥有很长的历史，但在中国还处于初步发展阶段。国际上对保险经纪人的业务素质有较严格的要求，我国保险经纪业务从业人员也需要通过保险经纪人资格考试，设立保险经纪人需要由监管部门审批。

（三）保险公估人

保险公估人最初起源于英国，是在 1666 年伦敦大火之后伴随着建筑物火灾保险的出现而兴起的，之后从英国逐渐传播到欧洲、北美洲、大洋洲，以及东南亚等国家和地区。保险公估人在长达几个世纪的发展过程中规模从小到大，由兼职经营到专业经营，最终形成了一套完整的公估人制度。保险公估制度的主要意义在于估赔分离。估赔分离后保险公估人的专业技能及其中立地位，使保险公司与消费者的矛盾减少，也有利于保险公司降低经营成本。

中国的保险公估业是伴随着帝国主义列强对中国通商贸易和经济掠夺而兴起的，起初多为外商设立并经营。自 1927 年起才有国人创办了上海益中公证行。1944 年 6 月国民政府制定《保险代理人经纪人公证人登记领证办法》，提出了“保险公证人”的概念。新中国成立后，保险公估人于 1994 年才出现，在深圳成立了第一家专业保险公估机构——深圳民太安保险公估有限公司。

二、保险中介的发展历程

（一）世界保险中介发展历程

保险经纪（Insurance Broker）在西方国家有几百年的历史，已经发展成为一个较为成熟的产业，是保险营销的一种重要形式。其中，英国保险经纪制度的影响最为深远，保险经纪行业历史悠久，监管体系完善，劳合社商业习惯的延续使保险经纪成为保险销售的主要力量。1906 年英国第一家保险经纪公司成立，1977 年英国设立了保险经纪人协会和英国保险经纪人注册理事会，制定通过《保险经纪人法》。德国的保险经纪人发挥重要作用，保险代理人在德国有保险人“延长的手”之称，独立保险经纪人被称作被保险人的“同盟者”。美国保险市场是世界上最大的保险市场之一，保险经纪人在美国保险市场上发挥着一定的作用，但其重要性并不同于英国保险市场。

国外著名保险经纪公司有威达信、怡安保险、韦莱韬悦等。根据 Business Insurance 统计，2018 年全球排名前十的保险经纪公司及其佣金收入分别为威达信（168.37 亿美元）、怡安保险（107.17 亿美元）、韦莱韬悦（84.13 亿美元）、盖勒格（51.07 亿美元）、Hub International Ltd.（21.47 亿美元）、BB&T（21.16 亿美元）、Brown & Brown Inc.

(20.10 亿美元)、诺德（17.06 亿美元）、USI Insurance services LLC (16.65 亿美元)、Acrisure LLC（13.78 亿美元）

（二）中国保险中介发展历程

1. 保险代理

保险代理人是指根据保险人的委托，向保险人收取代理手续费，并在保险人授权的范围内专门代为办理保险业务的机构，其发展历程可归纳为四个阶段：

（1）探索阶段。1980—1988 年，国内保险业务逐渐恢复，以中国人保独家经营为主。中国人保在全国构筑了一个专兼职的综合代理网络，经中国人民银行批准，在乡镇、街道设立了大量保险代理机构，其中保险服务所就是我国保险代理人的最初萌芽形态。

（2）初步发展阶段。1988—1995 年，国内保险市场逐渐多元化，保险代理人实现初步发展，各种形式的保险代理活动广泛存在，但还没有真正意义上的保险代理机构。当时相应的法律法规尚不健全，导致在发展中显现很多问题，如手续费支付不规范、财务管理不完善、人员素质尚待提升等。

（3）规范发展阶段。1995—1998 年，关于保险代理人的法律法规逐步完善，行业开始走上有法可依的规范化发展道路。我国于 1995 年制定《中华人民共和国保险法》（以下简称《保险法》），在《保险法》中明确界定了保险代理人的法律地位。1996 年颁布与《保险法》相配套的规范文件《保险代理人管理暂行规定》，明确界定了保险代理机构的法律地位。

（4）加速发展阶段。1998 年 11 月，中国保险监督管理委员会（以下简称中国保监会）成立，这使得保险代理人进入一个崭新的发展阶段，成为我国保险代理快速发展的时期。2001 年颁布《保险代理机构管理规定》，明确了保险代理机构的设立、经营规则和监督管理，后续于 2003 年和 2004 年修订了《保险代理机构管理规定》，促使保险代理机构快速有序地发展。

2. 保险经纪

保险经纪人是基于投保人的利益，为投保人与保险人订立保险合同提供中介服务，并依法收取佣金的机构，其发展历程可归纳为三个阶段：

（1）起步阶段。1988 年以前，我国保险市场由中国人保独家经营，国内还没有专门的保险经纪机构。1981 年，英国最大的保险经纪公司赛奇维克保险集团被批准设立“赛奇维克保险与风险咨询有限公司”，为外商投资企业提供保险咨询与风险管理服务，并安排各类国际再保险业务。与此同时，国际上一些著名的保险经纪人公司，如达信、怡安等纷纷在我国开设代表处。这一时期，我国保险市场逐渐得到国外保险经纪人的关注。

（2）初步发展阶段。1995 年颁布的《保险法》明确了我国保险经纪人的法律地位。1998 年颁布的《保险经纪人管理规定》标志着保险经纪人的业务监管走向正轨。1999 年为解决经纪人随意降低费率等行业乱象，在中国保监会的推动下，保险中介市场开展了全面清理整顿行动。同年，首次举行保险经纪人资格考试，考试包括《财政金融知识》和《保险理论与实务》，当年考试共有 4800 人参加，只有 162 人通过考试取得了保险经纪资格。

（3）快速发展阶段。1999 年起我国保险经纪人进入快速发展阶段，在 2000 年末全国共批设的保险经纪公司有 8 家。2004 年，中国保监会对《保险经纪公司管理规定》进行修订，明确保险经纪公司可以以合伙企业、有限责任公司和股份有限公司的形式设立，并对保险经纪公司的注册资本作出相应规定，进一步促进保险经纪人发展。在这一时期，保险经纪机构数量大幅增加，所涉及的业务范围也不断多元化。

3. 保险公估

保险公估人是指接受保险当事人委托，专门从事保险标的的评估、勘验、鉴定、估损、理算等业务的单位，其发展历程可归纳为三个阶段：

（1）起步阶段。随着我国保险市场主体的多元化发展，保险公估业显现出了发展萌芽。各保险公司为了赢得竞争的主动权，在面临复杂情况时选择聘请相关技术专家参与理赔定损工作，以取信于客户。同时，保险消费者也开始求助于理赔中介机构以获得公正合理的保险赔付，维护自己的正当权益。在市场的客观需求下，我国保险公估业开始起步。

（2）初步发展阶段。1993—2000 年，我国保险公估业进入初步发展时期，我国主要城市相继设立公估机构，同时一些对未来我国保险公估业看好的境外公估机构也在我国内地设立代表处。这一时期，由于缺乏关于保险公估人的法律法规和政策，加之市场上的保险公估机构背景多样各有特色，监管机构难以对保险公估人进行统一有效的监管。这种状况的存在，虽然在一定程度上影响了保险公估机构的发展，但在原有的基础上也迈出了一大步。

（3）快速发展阶段。从 2000 年开始，我国保险公估业进入快速发展阶段。2001 年颁布的《保险公估机构管理规定》，使我国保险公估人在开展业务的时候开始有法可依，有章可循，并奠定了保险公估的法律基础。2001 年 3 月，我国第一家保险公估机构“方中保险公估有限公司”开业，此后保险公估机构迅速发展，保险公估业务量和业务范围不断提高和扩大。

4. 保险中介监管

自 20 世纪 80 年代初萌芽起步，我国保险中介发展历经近 40 年，在改革中蜕变，在开放中进取，走过了辉煌历程，取得了辉煌成就。作为我国保险业改革开放的重要标志，我国保险中介伴随着保险业市场化进程应运而生、顺势成长，发展成效有目共睹，有力地促进了保险业的发展，使保险业更好地保障人民生活、服务实体经济，对我国经济社会建设发挥了重要作用①。中国保险中介市场的发展历程的五个阶段见图1-1。

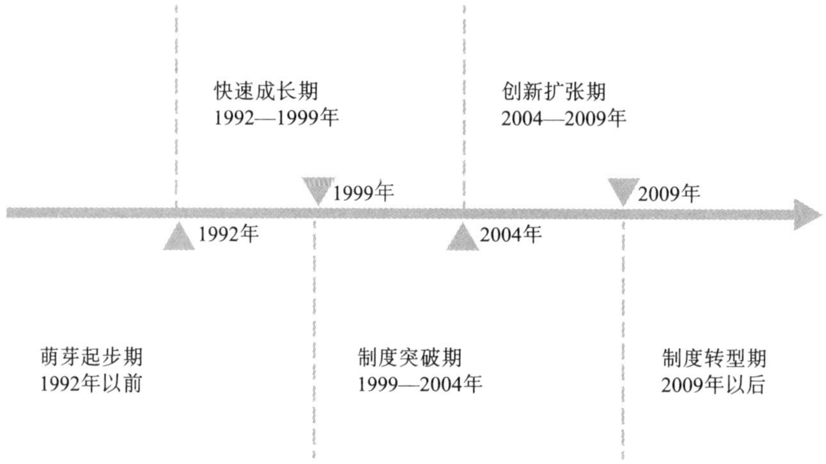

图1-1　中国保险中介市场发展历程

在引入保险代理人机制后，中国人民银行于1992年颁布《保险代理机构管理暂行办法》。作为我国第一部管理和规范保险代理的法规，《保险代理机构管理暂行办法》将保险代理机构分为专职代理机构和兼职代理机构两种。1995年颁布《中华人民共和国保险法》，其中明确了保险代理人的资格条件。1996年颁布了《保险代理人管理暂行规定》，规定了保险代理人的分类、组织形式和设立程序等问题，1997年更名为《保险代理人管理规定》。2015年9月17日，为进一步促进保险中介市场健康规范发展，中国保监会出台了《关于深化保险中介市场改革的意见》（保监发〔2015〕91号），对完善保险中介市场体系和监管体系，健全行业变革的机制体制等问题进行了全面部署。

---

① 中国银保监会中介监督部．改革开放催生我国保险中介［J］．保险研究，2018（12）：25-28．

第三节 全球保险中介市场宏观环境

一、全球经济复苏与通货膨胀

国际货币基金组织在《2020年世界经济展望报告》中预测，2020年全球经济将萎缩4.4%，中国经济将增长1.9%，是全球唯一实现正增长的主要经济体。在《2021年世界经济展望报告》中，国际货币基金组织预测2021年全球经济将增长6%，2021年中国经济将增长8.4%，发达经济体经济增长将达5.1%，发展中经济体经济增长将达6.7%。

国际货币基金组织的最新展望肯定了全球财政和货币措施的积极作用，在没有大规模政策支持的情况下，2020年的经济萎缩幅度更大，疫情导致的经济衰退值得关注。全球经济复苏前景仍具有高度不确定性，主要取决于疫情发展及政策行动的效果，如疫苗对病毒变体的有效性等，而新兴市场经济体和低收入发展中国家可能受到更大的打击。

由于企业和国内长期支出下降以及全球贸易疲软，相关经济指标分别比2019年4月的预测低0.3个百分点和0.2个百分点。在《2019年世界经济展望报告》中，国际货币基金组织观察到美国核心通货膨胀率的下限目标有所放缓，而通货膨胀率远低于欧元区和日元区的下限目标。这与最终需求的缓慢增长是一致的。以十年期政府债券收支平衡收益率衡量的基于市场的通胀预期2018年在美国下降了约36个基点，在2019年7月降至2.10%。美国2019年6月的40个月最低利率为0.72%，日本的利率在2019年7月降至0.16%，而2018年7月为

0.53%。相比之下，英国基于市场的通胀预期收益率在2018年上升了30个基点以上。

受全球产量下降的驱动，2018年市场的经济增长在下半年开始放缓。这种趋势在2019年上半年仍在继续。国际清算银行报告称，全球贸易、制造业和投资的萎缩是主要原因，尽管负面影响已被消费部分抵消。由于其在全球金融体系中的相互联系，中国的去杠杆化也是这些趋势的因素之一。国际清算银行指出，在美国、日本和德国等成熟市场中，较高的工资会缓慢转化为较高的价格通胀，这表明工资上涨导致通货膨胀率较低，随着通货膨胀预期的下降，在新兴市场中也有类似趋势。

二、全球金融市场趋紧

在全球范围内，货币政策的重点是降低利率以应对全球贸易紧张局势和经济增长下降，但是金融市场仍然容易受到金融条件突然趋紧的影响。

通过大幅重新定价风险来实现贸易紧张局势升级或持续缓慢增长。这些触发因素可能会发掘自2008年金融危机以来在低收益环境中累积的漏洞。国际货币基金组织在其《2019年全球金融稳定报告》中估计公司债务有所增加。值得注意的是，自金融危机以来，美国和欧元区的BBB级债券存量翻了两番，投机级债务翻了一番。这可能导致信用风险重新定价，进而影响借贷能力。

2019年7月31日，美联储自2008年以来首次将利率从2.25%降至2%，以作为预防措施，以防止持续的全球贸易紧张局势，全球增长放缓和欧元区动荡。

此外，欧洲中央银行和日本银行都宣布将通过资产购买计划继续其扩张性货币政策。几家商业银行已开始向较富裕的客户提供负利率，以转移部分中央银行提供的低利率和负利率。在长期低利率的环境下，一些管辖区观察到各种到期利率均为负数。

国际清算银行在《2019 年年度经济报告》中讨论了金融市场动荡如何在 2018 年底再次出现。美国股市下跌，主要是由于较低的增长预期和盈利不确定性。先前对进一步收紧货币政策的预期也可能导致这些趋势。一般而言，房屋价格趋势似乎相当稳定，并且主要受到长期利率进一步下降所产生的下行压力的影响。一些监管者和国际组织，如欧洲系统性风险委员会，已警告某些住宅房地产市场可能过热，以及家庭债务高企或上升的风险。

三、全球保险市场宏观环境

全球保险市场将在更大的宏观经济环境中运作，并且长期处于低利率环境。这种长期以来的低位环境不仅可能直接损害保险公司的盈利能力和偿付能力，而且还会增加重新评估风险溢价的可能性，从而导致利率突然飙升。保险公司所承受的利率风险与其资产负债错配风险有关，尤其是在为其产品提供长期担保利率的公司中。

瑞士再保险研究院预测，到 2029 年，新兴市场将在全球直接保险保费中所占的份额进一步巩固，达到 34%。2018 年，全球直接保险保费收入达到最高水平，达 51930 亿美元，占全球 GDP 的 6.1%。从寿险方面来看，早期的研究预测，2021 年后全球寿险保费年增长率可达 2.9%，高于过去 10 年 0.6% 的年平均增长水平。从非寿险方面来看，早期的研究预测，2021 年后全球非寿险保费年增长率可达 3%，高于过去 10 年 2.2% 的年平均增长水平。

2015 年全球保险中介市场的总保费收入为 4.6 万亿美元，2016 年全球保险中介市场的总保费收入为 4.7 万亿美元，2017 年全球保险中介市场的总保费收入为 4.9 万亿美元，全球保险中介市场规模稳步上升。

第四节 中国保险中介市场与监管

一、中国保险中介市场现状

保险具备对社会经济补偿效应和社会产物再分配效应，保险中介作为保险产业链的重要环节，是推动行业发展的关键因素。保险中介机构是保险公司和广大投保人的纽带，作为保险行业的重要支柱，肩负着推动保险业转型、助力保险业跨越式发展的重要使命，对提高市场效率，降低交易成本，促进保险业的稳步发展有着不可或缺的作用。

中国对保险中介机构主要分为三类，包括保险销售过程中接触最多的保险代理人、保险经纪人，以及保险理赔过程中接触最多的保险公估人。在保险公司保费收入的渠道中代理收入占有相当大的比重，特别是寿险业务占比更高。贡献行业超过八成保费的保险中介渠道的重要性不言而喻，与此同时，中介机构的崛起也在促进保险行业进行产销分离。

截至2019年末，全国共有保险专业中介机构2669家，同比减少19家。其中，保险中介集团5家，保险专业代理机构1771家（全国性保险代理公司241家，区域性保险代理公司1530家），保险经纪机构496家，保险公估机构397家。

截至2019年末，全国共有保险兼业代理机构3.2万家，代理网点22万余家，保险公司办理执业登记的个人保险代理人约912.3万人，保险中介机构共有从业人员345.2万人。其中，保险专业代理机构从业人员246万人，银行类保险兼业代理机构从业人员74.5万人，保险经纪机构从业人员22.3万人，保险公估机构从业人员2.4万人。

截至2019年末，保险中介渠道实现保费收入3.74万亿元。保险兼业代理机构实现保费收入11647.12亿元，个人保险代理人实现保费收入20358.76亿元，保险专业中介渠道实现保费收入5401.65亿元。其中，保险专业代理机构实现保费收入3673.15亿元，保险经纪机构实现保费收入1728.50亿元，保险公估机构实现主营业务收入30.26亿元。

2019年，共有134家保险公司开展互联网保险业务，实现保费2784.96亿元，同比增长41.14%。其中，互联网保险公司4家，实现保费238.42亿元，同比增长40.27%。随着互联网等技术在保险行业的普遍运用，保险中介市场的外延进一步扩大，出现了保险比价平台、保险销售服务平台、保险产品定制化平台等“泛保险中介”或“新型保险中介组织”，其中以“第三方互联网保险平台”最为典型，并纳入了现行保险监管法规体系。与此同时，百度、阿里巴巴、腾讯、京东等互联网科技巨头公司争相进入保险中介市场，传统保险中介组织亦纷纷拥抱互联网等保险科技，社会资本也积极申请保险中介牌照①。

二、中国保险中介监管制度

作为保险监管的一个重要组成部分，保险中介监管的目标、内容和方法处于保险监管的总体框架内。但由于保险中介监管的对象主要是处于保险人和投保人之间的、最终不承担保险赔偿或给付责任的保险中介人，因此我国保险中介监管在很多方面存在特殊性。保险中介的监管目标主要是保护投保人和被保险人的合法权益，维护公平竞争的市场秩序，防范经营风险；监管内容主要包括机构监管、从业人员监管、市场行为监管等；监管方法主要有现场检查和非现场检查等。我国保险中介监管体系是伴随着我国保险业的快速发展而逐步建立起来的。

---

① 宋占军，李海燕．保险中介监管进入新时代［J］．金融博览（财富），2018（04）：73－75.

（一）中国银行保险监督管理委员会

2019 年中国银行保险监督管理委员会（以下简称银保监会）“三定”收官，各部门职能也进行了重新划分，新的监管格局之下，中介监管部全方位加快制度建设进程，在严格整治乱象的同时，从制度规范上加强了风险防范。

2019 年 2 月 26 日，银保监会发布《关于加强保险公司中介渠道业务管理的通知》（以下简称《通知》），要求保险公司全面强化对于中介渠道业务的管理。目的是改变保险公司对于中介渠道管理水平不高的现实，压实保险公司主体责任，在事实上确立了监管对于保险公司中介渠道监管的思路，即保险中介违规，保险公司承担连带责任，二者都必须承担其相应的责任。

在保险中介机构准入监管上，2019 年 6 月，《保险中介行政许可及备案实施办法（征求意见稿）》（以下简称《实施办法》）颁发，内容覆盖了保险中介相关市场准入行政行为，行政许可和备案事项的条件、程序、期限和申请材料。2020 年 8 月 18 日，《实施办法》第二次向社会公开征求意见。通过新旧两版《实施办法》对比发现，银保监会最新发布的《实施办法》进行了诸多修改，特别是提高了准入条件门槛。银保监会于 2021 年 10 月正式颁布《保险中介行政许可及备案实施办法》，自 2022 年 2 月 1 日起施行。

2019 年 8 月 23 日，银保监会发布《商业银行代理保险业务管理办法》（以下简称《管理办法》），在准入退出、经营规则、问责制度、佣金支付、保障型险种占比等方面提出更加全面细致的要求。《管理办法》对交叉地带的监管规则进行梳理，旨在解决银保转型难、销售误导等突出问题，可以让之前的银保乱象有所改善。使商业银行在代理保险业务时更加自觉地做好内部风险控制工作；在商业银行选择合作的保险公司时应充分考虑保险公司的偿付能力和风险管控能力等因素；力争切实保护消费者利益，让消费者在充分理解自己所选择的保险产品的特点和风险的基础上进行购买。

2020 年 5 月，银保监会发布《关于落实保险公司主体责任加强保险销售人员管理的通知》《关于切实加强保险专业中介机构从业人员管理的通知》，明确了销售能力分级的监管要求，推动销售人员销售能力分级工作。《关于切实加强保险专业中介机构从业人员管理的通知》针对保险专业中介机构的特点和市场定位，从全面承担管理主体责任、加强统筹管理、严格招录管理、严格培训管理、建立销售能力分级体系、严格诚信管理、夯实基础管理、严格监管监督等方面进行了明确。

2020 年 11 月，银保监会发布《保险代理人监管规定》（以下简称《规定》），要求在机构管理方面做到“扶优限劣”，注重激发企业活力。在人员管理上，严格限制“近亲繁殖”，制止不当牟利。与此同时，进一步强化监管责任，对依法监管提出了更加严格的要求。《规定》在明确保险专业代理机构相应职责的同时，还进一步强调了监管职责。《规定》首次提出建立独立个人保险代理人制度，并将对个人保险代理人实施分类管理，这意味着对保险销售人员的分级管理工作即将展开。

2020 年 12 月，银保监会发布《互联网保险业务监管办法》（以下简称《监管办法》），重点内容包括：厘清互联网保险业务本质、规定互联网保险业务经营要求、规范保险营销宣传行为、全流程规范售后服务、按经营主体分类监管、创新完善监管政策和制度措施。新版《监管办法》较上一版改动较大，强调持牌经营，对持牌机构进行了分类监管，并首次明确互联网企业代理保险业务的要求，对于渠道交错、线上线下融合的情况，要求同时适用线上和线下监管规则等。

（二）中国保险行业协会

中国保险行业协会（以下简称保险业协会）成立于 2001 年 2 月 23 日，是中国保险业的全国性自律组织，是自愿结成的非营利性社会团体法人，保险业协会的业务主管单位是中国银行保险监督管理委员会，登记管理机关是中华人民共和国民政部。截至 2021 年 8 月，保险业协会共有会员350家，其中，保险集团（控股）公司13家，财产保险公司85家，人身保险公司92家，再保险公司14家，资产管理公司15家，保险中介机构71家，地方保险协会（含中介协会）44家，保险相关机构16家。

保险业协会通过每年度召开理事会的形式共同商讨协会的工作，下设包含保险中介专业委员会在内的21个分支机构，各分支机构的日常工作由保险业协会相关部门承担。目前，保险业协会内设18个部门，其中，中介工作部的部门职责为根据国家宪法、法律、法规、经济金融方针政策、中国保险行业协会章程和监管部门业务指导，开展保险行业中介自律、维权、服务、交流、宣传工作，促进保险中介行业持续健康发展[①]。部门主要职责见表1－2。

表1－2　　中国保险行业协会中介工作部职能

职责概述	职责描述
1. 推进专委会建设	负责协会保险经纪、保险公估、保险营销、银行保险专业委员会的运作和管理；落实保险中介监管的有关政策措施；推动各类中介机构和重点领域的发展壮大
2. 加强中介行业自律	加强中介行业自律、研究、制定保险经纪、保险公估、保险营销（销售）领域的服务标准和管理规范；加强保险中介市场自律
3. 推动中介行业维权	推动中介行业维权。代表行业向监管部门及其他政府部门反映行业诉求，维护保险中介行业整体权益
4. 服务行业发展	服务行业发展。推动相关重点、难点、热点前沿问题及重大课题研究，促进行业创新；建立完善行业核心专家团队
5. 建立营销员服务体系	建立行业官方的营销员组织，提升营销员素质，加强针对营销员的培训，通过多样化活动提升营销员群体形象
6. 增进交流与宣传	增进交流与宣传。组织召开以中介行业为主，贯通保险行业的业务专业会议和论坛；组织行业各领域业务、数据和经验交流互动，促进业内外合作以及国际交流

① 中国保险行业协会：http://www.iachina.cn/col/col203/.

第五节 国际保险中介独特监管制度

一、互联网保险销售行为可回溯管理

为规范和加强互联网保险销售行为可回溯管理，保障消费者知情权、自主选择权和公平交易权等基本权利，促进互联网保险业务健康发展，中国银保监会于2020年6月22日印发《关于规范互联网保险销售行为可回溯管理的通知》。互联网保险销售行为可回溯，是指保险机构通过销售页面管理和销售过程记录等方式，对在自营网络平台上销售保险产品的交易行为进行记录和保存，使其可供查验。主要包括以下五方面内容：

一是明确互联网保险销售行为可回溯管理的定义和范围，明确互联网保险销售行为可回溯，是指保险机构通过销售页面管理和销售过程记录等方式，对在自营网络平台上销售保险产品的交易行为进行记录和保存，使其可供查验。管理范围是投保人为自然人的商业保险产品。

二是明确销售页面和销售页面管理的定义，对销售页面管理主体、互联网保险销售行为的边界和销售风险点管控作出要求，特别强调销售页面只能设置在保险机构自营网络平台，且需要与非销售页面进行分隔。对于重要条款内容，要求单独设置页面展示，且由投保人自主确认，保护消费者知情权。

三是对保险机构互联网销售过程管理作出要求，包括保护投保人自主选择权、明确保险机构实名验证职责、细化销售过程记录标准、制定信息收集原则等内容。对于收集、使用消费者个人信息，特别强调保险机构应遵循合法、正当、必要的原则，并采取有效措施保护信息，保护消费者信息安全权。

四是明确可回溯内控管理，主要对可回溯资料内容、保管、安全防护及相关内控制度作出规定，要求保险机构建立全面、系统、规范的内部控制体系。特别强调互联网保险销售行为可回溯资料应当可以还原为可供查验的有效文件，销售页面应当可以还原为可供查验的有效图片或视频，以便调查、检查使用。

五是明确对融合业务和自助终端业务的管理要求，以及相关法律责任和实施时间。

互联网保险销售行为可回溯管理办法的发布有利于维护市场秩序、防范操作风险，进一步保障金融消费者知情权、自主选择权和公平交易权等基本权利。下一步，银保监会将加大督促指导，压实保险机构主体责任，规范互联网保险销售行为，推动互联网保险业务的持续健康发展[①]。

二、劳合社模式

劳合社是一个保险市场，其会员（包括法人和自然人）[②] 出资设立辛迪加，由辛迪加承保具体保险业务。劳合社本身并不经营保险业务，而是负责市场的监督和规范，协助辛迪加开展保险业务。劳合社是由爱德华·劳埃德（Edward Lloyd）经营的一家咖啡馆发展起来的。这家咖啡馆开办于 1688 年，位于伦敦泰晤士河畔，出版过《劳埃德新闻》《劳合社动态》[③] 等报纸，是当时从事远洋航运的船东、船长、商人、高利贷者、经纪人交换航运信息的场所，由于这里海事航运信息灵通，许多海上保险的承保人和经纪人便以此作为经营保险业务的中心。

劳合社目前主要的市场主体包括：会员（Member）是指加入劳合社社团的会员，包括个人会员和公司会员；辛迪加（Syndicate）是指一

① 吕胜根．保护消费者“三大权利”［N］．江门日报，2020－07－24．
② 自 2003 年起，劳合社不再接受以无限责任形式加入的个人会员。
③ 《劳合社动态》后更名为《劳合社日报》（Lloyd's List）。

个或多个劳合社会员的资金集合，通过管理代理公司在劳合社市场承接保险业务，并由劳合社理事会为其分配一个特定的辛迪加编号；管理代理公司（Managing Agent）是指经劳合社许可，作为劳合社会员的代理人管理辛迪加及履行承保及其他职能的机构。在此基础上，保险资本、人才、技术等要素以单独或组合的多种形式流入劳合社，可选择“成员”“成员 + 辛迪加”“成员 + 辛迪加 + 管理代理公司”三种模式。此外，劳合社市场独特的分销体系包括劳合社注册经纪人、授权承保人（Coverholder）和服务公司（Service Company）等。

《劳合社 1982 年法案》规定：成立劳合社理事会（the Council of Lloyd's），负责对劳合社事务进行管理和监督，同时对劳合社业务进行监管和指导，确立了劳合社的监管权威。

劳合社监管的目标是，维护好市场体系，保障成员开展保险业务并实现长期回报的最大化。劳合社理事会是市场战略和规则、监管制度的制定者，管理代理公司则是监管工作的载体。因此，劳合社虽然不是官方的监管者，但是它通过严格的治理结构，基于市场需求和规律构建了严谨的监管制度，在保险业务不断扩大的同时，成功复制劳合社交易模式，达到了以监管促发展的目标。

劳合社监管制度集中体现在三个方面：一是构筑资金安全链，形成多层次偿付能力，加强市场财务实力；二是实施严格高效的准入和退出规则，加强保险要素流动，吸纳最合适的资本和人员经营保险市场；三是运用全面绩效管理框架，针对辛迪加制定指引和标准，评定和调控其业务计划，提高市场整体绩效①。

三、授权承保代理制度

授权承保代理制度是国际保险市场上一种较为成熟的经营模式，是

① 虞琤．英国劳合社模式的解析及借鉴［J］．上海保险，2013（01）：34 - 36 + 54.

保险公司与中介机构开展的一种特殊形式的授权合作模式，最早起源于美国，随后逐步在欧洲市场进一步发展演变，其中比较重要的发展是在英国。1985 年，经过多年的官方论证和司法建议，MGA 模式正式引入劳合社市场并以 Coverholder 的形式被官方采纳，劳合社也逐步建立起一套精细化的市场监管机制和体系，进而大大促进了 MGA 模式在国际市场的推广和发展。目前，国际上比较发达的授权承保市场有英国市场（包括劳合社市场）、美国市场、欧洲市场、澳大利亚市场等。虽然经营授权承保代理业务的中介机构在不同地区和市场有着不尽相同的称呼[①]，在各国的具体业务形态也呈现差异化特点，但从本质来看，授权承保代理模式的核心就是保险公司将承保及其他（再）保险业务及管理职能通过签署授权委托协议的方式全部或者部分授权给一家中介机构，并允许该中介机构代表保险公司订立（再）保险合同和提供（再）保险服务的一种中介合作模式。从国际市场的实践来看，保险业务链条上的所有职能，包括保险产品开发、风险定价、渠道分销、承保、理赔、客户管理及投诉管理等，都可以成为授权业务范围。

（一）美国授权承保代理制度

美国对于授权承保业务出台了专门的示范法，2016 年美国有 1080 个承保代理机构。具备风险评估和定价能力的保险中介机构，除了招揽业务外，还可作为承保代理机构承担核保工作。承保代理机构最大的优势在于能够为保险公司快速搭建独特的保险产品。承保代理制度与传统意义上的保险经纪业务或是保险代理业务在业务范围上有较大差异。

（二）英国授权承保代理制度

在英国，劳合社是授权承保制度的主要市场，主要特点是以承保授

① 如在美国市场被称作 MGA，在劳合社市场被称为 Coverholder，而在一些欧洲国家也会被称为 Underwriting Agent 等。

权为核心，将承保权限视作授权承保代理的核心职能，并基于此建立了相应的监管框架和规则。根据英国授权承保机构协会的统计数据①，在英国超过 300 家授权承保机构承保了英国财产保险市场约 10% 的保费。在全球，经劳合社批准的 Coverholder 机构超过 4000 家②，其中约 1700 家在北美洲，超过 1800 家在欧洲（包括英国），劳合社 Coverholder 每年为劳合社市场带来约 1/3 的保费收入（2019 年 Coverholder 保费收入为 112 亿英镑）③。

在劳合社市场，提供授权承保服务的机构称作 Coverholder，中文称为授权承保人④，是指接受劳合社市场管理代理公司的委托，根据授权承保协议代表劳合社市场辛迪加/管理代理公司订立（再）保险合同的公司或者合伙企业。英国 MGA 协会将授权承保机构定义为代表保险公司利益并为保险公司主要提供承保服务的代理⑤。在英国，保险中介机构需获得英国金融行为监管局（FCA）批准并接受 FCA 的监管⑥，包括提供授权承保服务的中介机构。FCA 重点监管英国境内获批机构的经营行为，不对机构类别和经营范围进行管理，并不涉及专门的授权承保机构牌照，所有获得 FCA 批准的中介机构均可成为授权承保机构⑦。劳合社是英国重要的保险与再保险交易市场，英国法律赋予劳合社理事会对整个市场的监督和管理职责，并负责对劳合社业务进行指导和监管⑧。为了有效管控授权承保业务的相关风险，劳合社在 FCA 监管基础

---

① 英国 MGA 协会：https://www.mgaa.co.uk/MGAA_/MGAA/About_Us/MGAA_R/MGAA2/About_Us.aspx?hkey=43fa55a3-3da5-4e49-ae08-97d18fa5c506.

② 包括分支机构在内的总数量。

③ 劳合社 2019 年年报。

④ 劳合社《授权承保业务准则》(Code of Practice - Delegated Authority).

⑤ 英国 MGA 协会：https://www.mgaa.co.uk/MGAA_/Membership/Become_a_Member/Our_Definition_of_a_MGA/MGAA_R/Membership2/Our_definition_of_an_MGA.aspx?hkey=6ecb2750-ea37-43a1-9572-9f6a23d4b32c.

⑥ http://www.legislation.gov.uk/ukpga/2000/8/contents, Section 19[11] of the Financial Services & Markets Act 2000 (FSMA).

⑦ 英国劳合社对于经纪人作为 Coverholder 有着特殊规定和要求，以避免产生实际的利益冲突。

⑧ 1982 年劳合社法案。

上，对参与劳合社业务的授权承保人机构实施许可经营管理，所有参与劳合社市场业务的授权承保人均需经过劳合社的审批，并纳入劳合社统一监管范畴。劳合社授权承保人与普通中介的显著区别是对风险具有承保权限，即有权代表劳合社市场辛迪加/管理代理公司订立（再）保险合同，可以签发保单或者出具保险凭证，并通常对所承保的风险具有一定程度的定价裁量权。目前，劳合社已建立一套以承保授权监管为核心的市场监管机制和流程[①]，内容涵盖授权承保的各个环节的风险管控[②]。这些机制的建立和实施一方面有效规范了劳合社市场授权承保业务的经营行为，促进了其在英国乃至国际市场的发展；另一方面确保了客户的合法权益得到妥善保护。

四、财务顾问制度

在传统金融市场中，保险经纪人和代理人负责销售保险，券商和股票经纪人负责买卖股票，银行和基金公司负责销售基金。新加坡作为全球重要的在岸基金设立地，近年来陆续推出和完善投资基金制度设计，从而使新加坡在全球在岸基金设立地中更具吸引力。为改变传统模式寻求创新，新加坡金管局（MAS）在市场中推进独立财务顾问（Financial Advisor）公司运营模式。

新加坡财务顾问公司运营模式包括豁免财务顾问公司和特许财务顾问公司两种，前者无须财务顾问牌照，后者需持有监管机构颁发的公司牌照和财务顾问牌照。特许财务顾问公司分为非独立财务顾问公司和独立财务顾问公司两种，前者的优点是在强化与供应商合作关系上较具灵活性，可收取与销售额挂钩的额外佣金，后者的优点是独立与中立的市

---

① 英国《授权承保业务准则》（〈Code of Practice – Delegated Underwriting〉）。

② 包括机构资质与审批管理、授权管理、协议管理、运营风险管理、市场行为管理、合规管理、理赔授权管理等。

场定位，更易获得客户的信任与认可。在收费模式方面，主要分为佣金制和收费制。在市场定位方面，主要分为代理经营模式和利基市场模式。

2002 年 10 月，新加坡国会通过了 FAA，开辟了财务顾问公司这一全新的金融服务提供渠道。财务顾问包括保险公司、保险代理公司、银行、财务顾问公司等，财务顾问代表（Financial Consultant）即这些机构从业人员。在新加坡除部分网络直销购买的保险产品外，其他保险产品都需要通过相应的财务顾问代表进行保险咨询购买。

在新加坡提供财务咨询受到 FAA 等的管辖。根据 FAA 的规定，相关财务顾问代表必须通过从业资格考试，取得财务顾问牌照，或属于豁免财务顾问，并且每年必须完成特定的培训、研讨会和相关课程。未取得牌照或豁免或除外在新加坡作为提供财务咨询服务的财务顾问的，将被处以不超过 7.5 万新币的罚款或不超过 3 年的监禁；仍持续从事违法活动的，在持续从事违法活动期间，将进一步被处以每日不超过 7500 新币的罚款。

五、指定代理人制度

（一）美国指定代理人制度

美国有一类代理机构类型，被称为指定保险代理人（Appointment Agent），大致等同于中国市场的部分保险兼业代理机构，主要包括汽车租赁机构、旅游公司等。这些机构有自己的主营业务，他们从事的保险销售业务与主营业务相关，他们作为指定保险代理人，只能与一家保险公司建立专属合作关系，销售较为简单的保险产品。美国各州的保险监管局对指定保险代理人不进行直接监管，而是要求保险公司承担主要的监督职责，保险公司有权对合作的指定代理人进行经营行为合规性的检查和管理。

（二）新加坡特定行业代理人制度

特定行业代理人是指在 ARB 注册的，从事的核心业务不是保险业务的代理人，在其从事核心业务活动的过程中，他们通常附带销售一种保险产品（如旅行社销售旅行保险）。从事保险销售或咨询服务的特定行业代理人包括：信用卡提供商、电气和电子零售商、货运代理、外国国内工人机构、外国劳工机构、移动设备经销商、汽车经销商以及旅行社。特定行业代理人属于兼业代理人。

特定行业代理人在与其主要负责人达成协议的前提下，除遵守普通保险代理的准则外，还承担以下职责：

一是获授权代表委托人就特定行业类别的保险业务征求、提供保险意见及接受建议及申请。

二是有权按三方协议规定的方式收取和处理收取的保费。

三是持有由新加坡保险学院提供或评估的、由金管局核准或更新注册的特定行业的熟练程度证书。

六、监管沙盒制度

当保险公司开发创新科技项目时，这些项目现阶段未必完全符合监管机构的监管规定，为促进保险业的科技发展，有必要在现有的监管要求上提供弹性安排。2015 年 5 月 11 日，英国政府率先提出了“监管沙盒”（Regulatory Sandbox）的概念和制度。目前，已有英国、新加坡、澳大利亚、印度尼西亚、泰国等国家已经或者将要向金融科技行业推行监管沙盒制度，该制度可以给特定空间更宽松的运行环境来观察其发展情况，此举旨在防止潜在风险蔓延的同时鼓励创新。

英国金融行为监管局（FCA）把监管沙盒定义为一个安全空间，金融科技企业可以在这个安全空间内测试创新的产品、服务、商业模式和营销方式等，避免这些创新在现实中受到监管规则的约束，进而出现问题无法继续推行。在具体操作上，金融创新机构可以按 FCA 特定简化的审批程序，提交创新测试申请，在取得有限授权后可在适用范围内进行测试，而 FCA 则会进行监控测试、情况评估，并给出是否正式授权监管、予以推广的审批结果。

2020 年全球新冠肺炎疫情暴发期间，世界银行和剑桥替代金融中心对 118 国央行的问卷调查报告显示，36% 反映其所在国家或地区加速了监管沙盒的建设，16% 设立了新的监管沙盒项目，9% 调整了现有监管沙盒的设置以适应疫情影响。现阶段监管沙盒尚处于试验阶段，随着全球金融科技的进一步成熟，其内在的优良特性将得到更好地发挥，未来可能成为国际主流监管策略。

七、黑名单管理制度

新加坡实行保险中介行业处罚（黑名单）制度，即保险中介行业组织对于违反保险行业相关法律法规的保险中介机构的管理及处罚。根据保险中介机构的性质，保险中介行业黑名单管理制度包括保险代理人处罚（黑名单）管理制度和保险经纪人处罚（黑名单）管理制度。

（一）保险代理人处罚（黑名单）管理制度

根据《普通保险代理人登记条例》第 5 章第 2 条，保险代理人的处罚制度如下：若注册人违反《保险法》《刑法》《刑事登记法》等法律法规，代理商注册委员会（ARB）可注销或暂停注册；若代理人或指定代理人违反《普通保险代理人登记条例》，ARB 可对其处以注销登记、暂停注册及训斥等惩罚措施。

（二）保险经纪人处罚（黑名单）管理制度

若经纪人员涉嫌不当行为，如涉及作弊、不诚实、欺诈、伪造、挪用资金或违反信托行为等，保险经纪人或豁免保险经纪人就情况的严重程度采取纪律处分包括暂停从事任何保险经纪业务、归还被挪用的款项、罚款、正式警告、降级以及终止经纪人员于保险经纪人或豁免保险经纪人的雇佣或安排。

总　结

瑞士再保险公司的研究显示，2019 年全世界总保费规模为 40660 亿美元，其中欧洲市场的保费规模占比为 39. 6%，美洲市场的保费规模占比为 30. 5%，亚洲市场的保费规模占比为 24. 3%，较 2018 年上升 2. 3 个百分点，排名第三。

在国际上成熟的保险市场中，英国、美国、日本分别代表三种典型保险中介制度模式。英国以保险经纪人为主、保险代理人为辅，保险经纪人有独特的法律地位；美国以保险代理人为主体，保险经纪人、公估人等多种保险中介共存；日本以保险代理人为中心，其他中介模式存在较少。以这三个国家为代表的不同区域，其保险中介模式、中介市场发展、对应监管制度的差异明显。

我国保险行业随着新中国成立而诞生，历经 70 余年，伴随着中国经济的高速发展，年保费收入从 1980 年的 4. 6 亿元，增加到 2017 年的 36581 亿元，年均增长 27. 5%，市场规模先后超过德国、法国、英国、日本，已成为全球第二大保险市场。2020 年中国保险行业保费收入达 47762 亿元，预计到 2035 年，中国有望超过美国成为全球第一大保险市场。

基于此，为更全面地梳理解读国别保险中介市场的监管特点，本书在全球范围内选取中国（含中国香港、中国台湾）以及保费规模排名全球前三的区域保险市场进行研究，分别为包含美国在内的美洲保险中介市场、包含英国和德国在内的欧洲保险中介市场，以及包含日本、新加坡、澳大利亚在内的亚太保险中介市场。

欧洲篇

欧洲保险市场历史悠久而古老，早在11世纪末海上保险诞生，欧洲见证了第一张保单到世界保险业的兴起。多年来，欧洲民众的保险意识与需求保持领先，保险市场的业务模式和监管制度更加成熟。从市场规模来看，当今全球知名的大型保险公司、再保险公司、经纪公司总部也多在欧洲。

2015年，欧洲保险中介市场的总保费收入为1.207万亿欧元，保险中介机构的数量为1160755个；2016年欧洲保险中介市场的总保费收入1.189万亿欧元，保险中介机构的数量为1131010个；2017年欧洲保险中介市场的总保费收入为1.213万亿欧元，保险中介机构的数量为1069655个；2018年欧洲保险中介市场的总保费收入为1.311万亿欧元。整体上保险中介市场规模呈现上升趋势，但保险中介机构数量逐渐下降。

英国保险市场是世界上历史最悠久的保险市场，也是欧洲最大的保险市场，保险经纪人在发展过程中充当着重要角色。英国对保险中介市场的监管以行业自律为主，其监管环境相对宽松。英国的中介行业组织分工较明确，保险代理人和保险经纪人各有不同的行业自律组织，而保险公估业务不属于政府监管范围。

德国也是欧洲重要的保险市场，2002年金融监管体制改革前，德国实施的是分业监管模式，即保监局负责监管保险业，银监局和证监局分别负责监管银行业和证券业。2002年5月1日，德国成立了由财政部直属的德国联邦金融监管局（BaFin），对银行业、证券业、保险业实施统一监管，其中保险部负责对保险中介业务领域的监管。

本书在欧洲保险市场上，选择英国和德国两个较为典型的国家进行研究，下面将对欧洲地区保险中介市场及其监管制度展开分析。

第二章　德国保险中介市场监管研究

第一节　德国保险中介的组织类型及发展情况

一、德国保险中介的定义范畴

在德国，保险中介仅指保险经纪人和保险代理人①。保险中介人协助合同双方当事人，为原保险或再保险合同的签署提供服务。保险中介既可以是自然人，也可以是法人②。

（一）保险经纪人

保险经纪人为投保人与保险人订立保险合同提供中介服务，是投保人的代理人，完全基于投保人的利益，不受保险公司或保险代理人的限制，独立于保险公司③。

保险经纪人与投保人签订经纪合同，该合同主体不涉及保险公司，保险经纪人对投保人的服务贯穿保险合同的整个期间。首先，在投保前协助投保人选择合适的保险方案，帮助办理投保、缴费等手续。其次，

---

① 德国保险公估人一般不视为中介人。

② 德国《保险合同法》第 59 条第 1 款。

③ 德国《保险合同法》第 59 条第 3 款。

在保险合同存续期间协助投保人管理保险合同。最后，在出险后协助被保险人报案，整理索赔材料，与保险公司谈判。

保险经纪人在为客户选择保险产品时，需要对市场上足够数量的保险公司推出的相关产品进行分析，而对于不支付经纪费的原保险公司，保险经纪人可在选择时将其排除，对于排除原因需明确告知客户①。

通常保险公司不负责保险经纪人行为的责任，保险经纪人应对自己在办理中间业务过程中发生的过错负责并承担赔偿损失责任。当投保人与经纪人产生法律纠纷时，投保人应证明自己履行了对经纪人的义务，而保险经纪人需承担举证责任，证明其没有违约。

（二）保险代理人

保险代理人受保险公司或保险专业代理机构的委托，向委托方收取保险代理手续费，并与之签订委托书，代表保险人利益，为其努力招揽保险业务，代表保险人与投保人签订保险合同，保险合同签订成功后，代理人可以参与保险合同的保全管理，监督投保人义务的履行情况②。

德国保险代理人可分为：

1. 专属保险代理人

专属保险代理人通常与一家或多家保险公司相联系，代理为类似相互代理的财产险、寿险和健康险公司产品，为不同保险公司商洽保险合同时，代理的保险公司之间为不同分业，不存在竞争关系，无利益冲突。

2. 分销保险代理人

分销保险代理人基于代理合同可为多家保险公司代理保险业务，且不受不竞争条款的合同协议约束，即可同时代表存在竞争关系的多家保

① 德国《保险合同法》第 60 条。

② 德国《保险合同法》第 59 条第 2 款。

险公司。与经纪人相反，保险公司需对分销保险代理人在招揽保险业务过程中产生的行为后果承担责任。

3. 兼业保险代理人

兼业保险代理人在从事自身业务的同时接受保险人委托，代表保险人办理保险业务，其权利与义务与全职保险代理人等同。

二、德国保险销售的中介渠道

根据2018年德国保险统计年鉴显示，截至2017年末，德国保险新单业务保费来源的各渠道中，人寿保险专属代理人占比40.5%，保险经纪人和代理人占比34%，信贷机构占比18.7%，直销占比2.2%，其他占比4.6%；健康保险专属代理人占比56.8%，保险经纪人和代理人占比30.3%，信贷机构占比4.2%，直销占比7.3%，其他占比1.4%；财产保险专属代理人占比46.2%，保险经纪人和代理人占比29.2%，信贷机构占比5.4%，直销占比15%，其他占比4.2%。

对于大型保险公司（RM），保险业务渠道来源占比情况为：保险经纪人占比40%，保险代理人占比5%，专属代理人占比55%。经纪人渠道主要由内部经纪人主导，但像美国怡安保险经纪公司和韦莱保险经纪公司的独立全球经纪人很少。

对于一般规模的保险公司（Corporate），保险业务渠道来源占比情况为：保险经纪人占比30%，保险代理人占比35%，专属代理人占比25%，保险公司直接销售占比10%。经纪人方面主要为本地小型的经纪人公司。

对于中小型保险公司（Consumer/SME），保险业务渠道来源占比情况为：保险经纪人占比30%，保险代理人占比60%，保险公司直接销售占比10%。德国中小型保险公司的业务渠道由保险代理人主导，保险市场非常分散，目前保险科技正推动着市场的进一步竞争。

根据2018年德国保险统计年鉴，针对不同险种划分，截至2017年末，德国保险新单业务直接保费来源中各分销渠道占比情况见表2－1。

表2－1　2013—2017年保险新单业务各分销渠道市场份额　单位:%

销售渠道		2013年	2014年	2015年	2016年	2017年
人寿保险						
专属代理人		42.5	41.7	40.8	41.2	40.5
	主营	36.2	35.3	34.8	35.5	34.8
	副业	1	1	1	1	0.9
	雇佣外勤人员	5.3	5.4	5	4.7	4.8
保险经纪人和代理人		31	31.4	32.6	32.9	34
	保险经纪人	25.2	26.1	26.3	26.1	27.5
	保险代理人	5.8	5.3	6.3	6.8	6.5
信贷机构		19.8	21	20.7	19.9	18.7
	作为单一中间人	13.8	14.6	14.6	13.8	12.4
	作为经纪人或代理人	6	6.4	6.1	6.1	6.3
直销		4	3.3	3	2.3	2.2
其他		2.7	2.6	2.9	3.7	4.6
健康保险						
专属代理人		53.9	56.4	56.5	57	56.8
	主营	32.4	33.8	34.3	34.9	32.3
	副业	0.8	1.3	1.2	1.1	1
	雇佣外勤人员	20.7	21.3	21	21	23.5
保险经纪人和代理人		32	30.3	30.3	30.	30.3
	保险经纪人	28.9	27	27.1	26.9	26.9
	保险代理人	3.1	3.3	3.2	3.1	3.4
信贷机构		3.9	4.5	4.2	4.3	4.2
	作为单一中间人	2.5	2.9	2.7	2.7	2.6
	作为经纪人或代理人	1.4	1.6	1.5	1.6	1.6
直销		5.3	5.9	6.8	6.7	7.3
其他		4.9	2.9	2.2	2	1.4

续表

销售渠道		2013 年	2014 年	2015 年	2016 年	2017 年
财产保险						
专属代理人		46	46.4	46.8	46.3	46.2
	主营	41.2	41.8	42.4	41.9	41.9
	副业	2.4	2.2	2.2	2.1	2.1
	雇佣外勤人员	2.4	2.4	2.2	2.3	2.2
保险经纪人和代理人		32.6	31	29.5	30.1	29.2
	保险经纪人	29.6	28.4	26.9	27.2	26.4
	保险代理人	3	2.6	2.6	2.9	2.8
信贷机构		5.2	5.7	5.4	5.5	5.4
	作为单一中间人	3.3	3.6	3.6	3.5	3.4
	作为经纪人或代理人	1.9	2.1	1.8	2	2
直销		11.7	12.1	13.6	13.9	15
其他		4.5	4.8	4.7	4.2	4.2

三、德国保险中介市场发展状况

德国保险中介市场严谨的分工形成了多元化、专业化的管理制度。德国的保险经纪人发挥重要作用，保险代理人在德国有保险人“延长的手”之称，独立保险经纪人被称作被保险人的“同盟者”。保险行业的保费增长和 GDP 增速关联大，德国处于人口老龄化阶段，国家鼓励商业保险，渠道上代理人和保险经纪为主体，代理人数量逐步下滑，保险经纪人的占比提高，保险行业竞争格局相对稳定。

德国保险市场的展业主要是通过保险中介来进行的。保险中介对于满足德国社会各阶层的保险保障需求和完善保险服务等方面发挥着重要作用。近年来，德国保险中介机构的数量呈现出逐年递减的趋势，截至 2020 年 10 月 1 日，德国各地有 196756 家中介机构在德国工商总会（DIHK）注册（见图 2－1）。

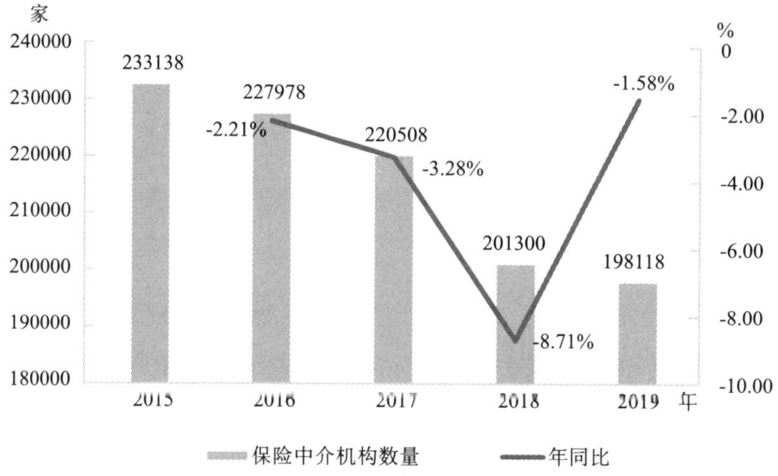

图 2-1　2015—2019 年德国保险中介机构数量及年同比

2015 年以来德国保险代理人及经纪人的数量也在逐年降低（见图 2-2），保险代理人数量逐年减少的趋势明显，至 2019 年的 4 年时间里减少了 34664 人，2018 年保险代理人的年度同比为 -10.92%，降幅明显；在德国保险中介市场上，保险经纪人的数量比保险代理人的数量少，虽然数量也有下降趋势，但整体上近几年基本上为 4.6 万人左右趋于稳定。

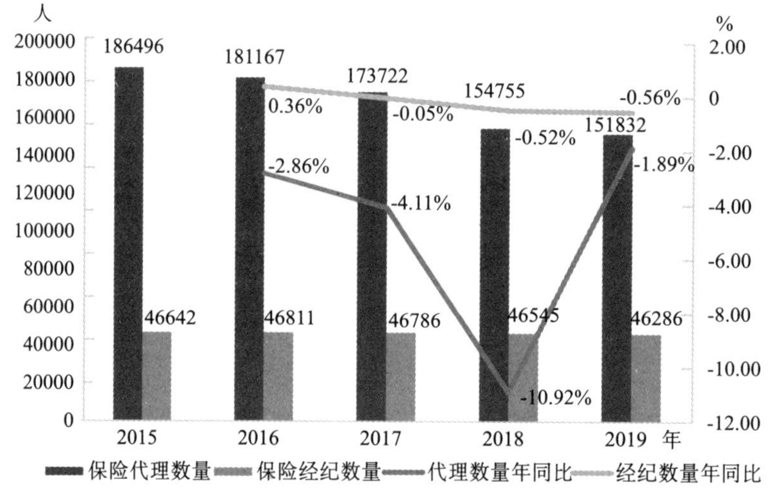

图 2-2　2015—2019 年德国保险代理人及经纪人数量及年同比

近年来，在德国自营保险中介机构中，代表多家保险公司的保险代理人数量始终占比最大，尽管数量不断下降，但其相较于其他中介机构仍保持绝对数量优势。保险经纪人略高于保险代理人的数量占比，保险经纪人的数量在逐年上升，但保险代理人数量在逐年下降。保险辅助中介占比最小，但数量在逐年上升。总体来看，德国保险中介的数量是不断下降的，这主要源于保险代理人数量的下降。

第二节　德国保险中介监管体系及法律法规

一、德国保险中介监管体系介绍

在国际层面，德国是欧盟的成员，其保险业接受欧盟层面的监管。在德国国内，根据德意志联邦共和国的联邦制度，保险及保险中介的监管由联邦政府和联邦各州负责。德国保险业受欧洲金融监管体系中欧洲保险和职业养老金管理局（EIOPA）的监管。尤其是欧盟层面实施的各种金融方面的指令，对包括德国在内的欧盟成员国的保险业监管都有重大的影响。

德国联邦金融管理局（BaFin）代表联邦政府监管在德国经营的具有物质经济意义的个人保险业务，以及在任何联邦州边界经营的公开竞争的公共保险业务。BaFin 主要负责对保险公司的监管，而对保险中介的监管相对间接。BaFin 对保险中介的监管，一般是将处理权力转交给其他机构，属于协调机构而非执法机构。

二、德国保险中介监管机构和职能

（一）欧洲保险和职业养老金管理局（EIOPA）

欧洲金融监管体系是一个由国家和欧洲监管机构组成的综合网络，它提供了宏观和微观审慎水平之间的必要联系，将日常监管工作留给国家层面。欧洲保险和职业养老金管理局（EIOPA），是欧洲金融监管体系中三个监管机构之一。EIOPA 既是欧盟委员会、欧洲议会和欧盟理事会的独立咨询机构，也是执行特定法律、技术或科学任务并提供建议的欧盟机构之一。EIOPA 由欧洲金融监管体系的监事会管理，该监事会由各成员国保险和职业养老金领域的有关国家当局组成，提供有关保险和职业养老金事务的专业知识和信息。

EIOPA 内部设立不同层级的职能部门，均由国家监督部门的专家组成，其组织结构见图 2－3。EIOPA 的高级管理层由主席和执行董事构成，其中主席负责 EIOPA 的战略方向，执行董事负责 EIOPA 的日常管理。执行董事下设 7 个部门，与保险及保险中介直接相关的部门有政策部和监督流程部。政策部负责 EIOPA 在保险和养老金方面的政策制定和监管，监督流程部负责监管审核流程相关的活动。

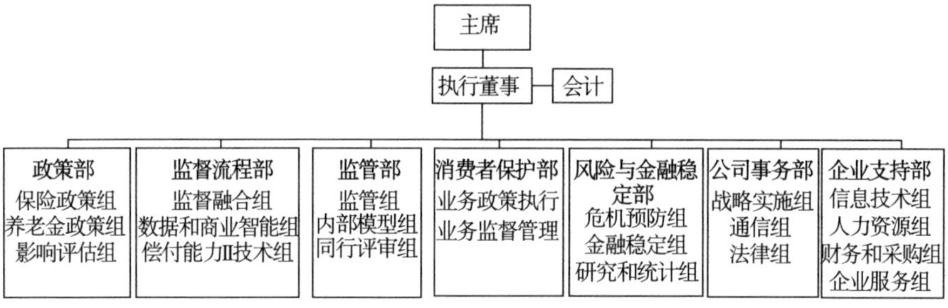

图 2－3　EIOPA 组织结构

EIOPA 的核心职能是支持金融体系的稳定性，市场和金融产品的透明度以及保单持有人、养老金计划成员和受益人的保护。EIOPA 受托监测、识别跨国界和跨部门的微观审慎水平的趋势、潜在风险和脆弱性。

EIOPA 的主要目标是：

（1）更好地保护消费者，重建对金融体系的信任。

（2）考虑到所有会员国的不同利益和金融机构的不同性质，确保高度、有效、一致的监管和监督。

（3）加强欧盟各金融机构和市场规则的协调和统一应用。

（4）加强对跨境集团的监督。

（5）促进与欧盟的协调监督响应。

在保险领域，EIOPA 的任务是促进在欧盟内部建立高质量的共同监管标准。EIOPA 负责发布指导方针和建议，以及制定监管和实施技术标准草案。EIOPA 还有权向欧洲议会、欧盟理事会和欧盟委员会提供有关保险相关问题的意见。未来几年 EIOPA 的主要目标是：

（1）在偿付能力Ⅱ框架下，为保险和再保险业务制定新的监管制度，特别是为实施欧盟关于承担和追求业务的指令开展所有必要的工作。

（2）就修订保险调解指令向欧盟委员会提供建议，并将支持该领域行业培训标准的制定。EIOPA 还致力于制定信息披露规则，以及对包装零售投资产品销售的监管。

（3）为欧盟委员会关于保险担保计划的政策制定提供意见，以期有助于评估欧洲国家保险保障计划网络的必要性，该计划得到充分资助和充分协调。

（二）德国联邦金融监管局（BaFin）

联邦金融监管局（BaFin）为德国当前法定监管机构，代表德国在欧盟和其他国际组织中的利益。BaFin 作为一个综合的金融监管机构，负责金融市场的所有部门的监管，包括对保险中介的监管。作为联邦政府的一部分，BaFin 受到联邦财政部的法律和技术监督，但它不从联邦预算中获得资金，资金来自受其监督的机构和公司支付的费用和捐款。BaFin 的办公地点分设在波恩和法兰克福，除此之外没有分支机构。

BaFin 共设执行委员会、咨询委员会、消费者咨询委员会、金融稳定委员会、保险咨询委员会、证券委员会、顾问委员会、异议委员会 8 个机构，其中与保险及保险中介业务监管相关的有执行委员会和保险咨询委员会。

执行委员会负责监督 BaFin 的管理，并支持 BaFin 履行其监督职能。其组织架构见图 2－4，成员包括委员会主席和保险与养老基金监管、证券监管/资产管理、银行监管、决议理事会、内部行政及法律事务 5 个部门的首席执行董事。

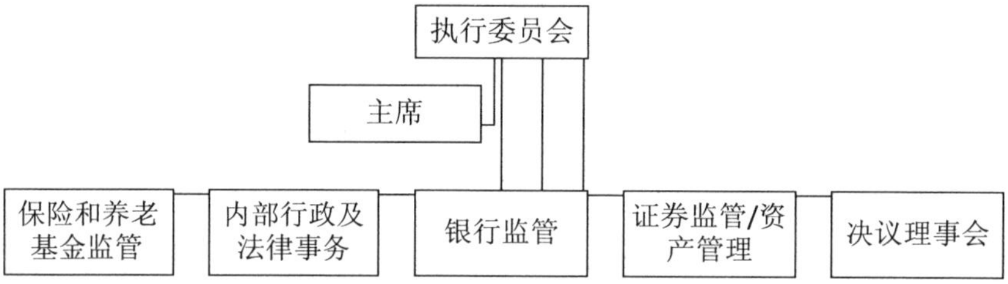

图 2－4　BaFin 执行委员会组织结构

保险和养老基金监管部门下设六个理事会，分别监管保险业的不同领域，其组织结构见图 2－5。

根据联邦金融监管局章程，BaFin 的经营目标是在国家和国际层面管控德国金融体系的风险，确保德国作为金融中心继续正常运作，并保持其稳定性、完整性。其具体职能有：一是在其偿付能力监管下，确保银行、金融服务机构和保险公司具有履行其支付义务的能力；二是通过市场监管执行专业行为标准，保护投资者对金融市场的信任；三是为了保护投资者利益，禁止未经授权的金融业务行为。

在保险监管方面，BaFin 履行重要的社会和经济职能，有助于整个保险及保险中介行业的长期稳定。BaFin 的主要目标是保护投保人和受益人，具体职能有：一是保证被保险人的利益得到充分保障；二是保证保险合同下的义务可以随时履行；三是保证保险业务运作得当，并符合法定条款。

图 2－5　BaFin 保险和养老基金监管部组织结构

此外，BaFin 特别重视偿付能力监管，保险公司必须制定适当的技术规定，按照“审慎人原则”进行投资，并遵守良好商业惯例的原则。

三、德国保险中介监管法律法规

德国拥有一套完备的、严格的金融监管法律制度体系。《保险监管法》《保险合同法》是德国保险监管制度主要的法律框架，为保险业的监管提供了依据与指引。《贸易法》对保险中介机构的许可和注册作出相关监管规定。此外，欧盟的《偿付能力Ⅱ指令》《保险调解与咨询条例》《保险分销指令》也对德国保险中介监管有一定影响。除了以上法规条例外，保险中介的监管也应符合德国《民法典》《商法典》等法律的一般要求。

（一）保险监管法

德国的《保险监管法》自1901年5月21日颁发以来，成为规范德国保险业的基本法律之一，其最新修订于2019年3月25日。《保险监管法》分为8个部分共356条，包括保险监管的一般规定、原保险与再保险的规定、保险基金、职业退休养老金机构、保险集团、保险监管的任务、监管的权利和组织、形式和罚款条款以及过渡期和最终条款等内容。在附录中涉及风险的分类、多个类别授予的授权名称以及计算偿付能力资本要求的标准公式等内容。

《保险监管法》中与保险中介监管相关的条款有以下几条：第23条是对保险业务组织的一般要求，规定了产品发布程序，并指明在保险公司与保险中介合作关系中，设计保险产品的公司必须向所有经销商和保险中介提供有关保险产品和产品发布过程的所有相关信息；第48条至第51条对保险中介机构和保险公司的合作做了详细规定，包括保险分配中对保险中介机构的许可要求、合作中费用的收取和佣金的发放、相关合同协议的条款失效和责任取消、客户投诉等问题。

（二）保险合同法

德国在1908年建立的《保险合同法》是保险统一立法的先驱和典型代表，对许多大陆法系国家的保险立法具有深远影响。2008年，《保险合同法》完成生效后的首次重大修订，在强化保险人义务、完善投保人权利，平衡保险市场供需双方间利益关系等方面作出了诸多重大变革。《保险合同法》最新修订于2017年8月17日法律第15条。《保险合同法》分为3个部分共216条，内容包括保险的一般规定、不同类别保险的具体规定以及一些特殊情况的补充规定。

《保险合同法》中与保险中介监管相关的条款有以下几条：第59条指出本法中的保险中介是保险代理人和保险经纪人，并明确了相关定义；第60条至第68条规定了保险中介在活动中的通知咨询义务、赔偿义务等，主要包括应提供的信息及信息提供的时间和形式、违反规定义务后应对保单持有人进行赔偿、向保单持有人提供保险人的授权证明等要求；第 69 条至第 73 条规定了保险中介获得授权的要求和授权后的权利和义务，包括缴纳保证金、如实告知等相关要求。

（三）贸易法

德国颁布于 1869 年的《贸易法》确定了德国的贸易规范，以维持德国商业秩序，最新修订于 2018 年 11 月 29 日法律第 1 条。《贸易法》分为 12 个部分共 161 条，分别对贸易中的一般规定、常备贸易、旅游行业、展会、展览、市场、税收、工会、雇佣、商业援助资金、法定条款、罚款、中央工商营业登记册以及其他事项作出详尽规定①。

《贸易法》中与保险中介监管相关的条款有以下几条：第 11 条 a 款规定获得保险中介许可的机构应在 IHK 登记册中登记，以核实授权活动和授权范围，规定注册机构受当地州法律管辖，受最高国家机关 BaFin 的监督，对注册登记过程中的具体要求做了详细说明；第 34 条 d 款明确了保险中介机构获得 IHK 许可的前提、获得许可后需要遵守的规定、获得牌照的条件以及授权过程中其他情况的要求；第 34 条 e 款明确了保险中介机构关于法定授权的规定，包括授权的程序和具体要求。

（四）保险分销指令

《保险分销指令》是欧盟层面的监管指令，于 2016 年 1 月 20 日由欧洲议会和欧洲联盟理事会发布。它对欧盟成员国的保险分配作出指示，也影响了德国国内保险中介的监管。《保险分销指令》分为 8 个章节共 46 条，各章节与保险中介相关的内容如下：第 1 章对保险分销的范围和相关定义作出解释；第 2 章对保险中介机构和保险、再保险机构的注册要求作出规定；第 3 章对各国保险中介行使提供服务的自由作出指示和要求；第 4 章对中介组织的专业知识和能力作出规定；第 5 章明确了保险中介机构相关的业务规则信息要求和行为要求；第 6 章提出了

① 经修订，相关税收、工会、商业援助基金、法定条款部分内容已删除。

基于保险投资产品有关的附加要求；第7章对违反规定的情况提出行政制裁和其他处理措施；第8章补充说明审查评估等相关要求。

（五）其他法律法规

《偿付能力Ⅱ指令》是欧盟法律中的一项指令，于2016年1月1日生效。它旨在对欧盟保险监管进行编纂和协调，主要涉及欧盟保险公司为降低破产风险必须持有的资本金额，对德国保险中介的监管也有一定影响。该指令规定了保险公司及相关保险中介公司的监管要求，包括财务资源、治理和问责制、风险评估和管理、监督、报告和公开披露。

《保险调解与咨询条例》于2007年5月22日生效，基于《贸易法》第11条a款、第34条d款、第34条e款在2007年实施欧盟调解指令的规定，对保险中介作出要求。《保险调解与咨询条例》最新修订于2018年12月17日，分为7节共27条，明确了保险中介应该具备的基本要求。

在德国国内，相关保险中介的监管还应符合德国《民法典》《商法典》等法律中的一般要求。

第三节　德国保险中介的准入政策及市场行为监管

一、德国保险中介机构市场准入及退出规则

（一）准入规则

2002年之前，德国保险中介的准入机制比较宽松，只有《工商管理条例》第14条中规定：从事保险中介属于从事工商行业，需要进行登记。自2002年末开始，欧盟要求各成员国均对保险中介活动实行许可制度，以此促进欧盟内跨境金融活动的发展。自2007年起，德国规

定凡从事保险中介以及保险咨询的人员，都需要遵守《保险调解与咨询条例》，进行专业资格考试，申请相关工商会的许可并在保险调解登记处进行登记。

在德国申请成为保险中介从业人员应当具备以下申请条件：

（1）申请人声誉良好可靠。如果申请人在过去5年中有过经济犯罪记录，则无法得到许可。

（2）申请人财产状况良好。如果申请人已经破产或正在被法院强制执行，则无法得到许可。

（3）已经购买合格有效的职业责任保险。

（4）提供通过当地德国工商会指定的专业资格考试的证明。

（5）除此之外，申请人必须另外向主管工商会提供以下信息，以便以后监督许可证持有人：①只要申请人有明确意向并确实有可能获得超过10%的股份；②申请人可能与工商会有密切联系或可能导致利益冲突的事项；③其他影响主管工商会监督的事项。

（二）退出规则

根据《贸易法》第34条规定，保险中介不予赋权的情况为：

（1）事实证明申请人不具备企业所需的可靠性原则。

（2）申请人生活在经济混乱的环境中。

（3）申请人不能提供职业责任保险或同等担保的证明。

（4）申请人没有成功通过在工商会进行的用来证明其具备经纪或保险咨询所需保险专业知识的审计。

二、德国保险中介机构高管任职资格

德国保险中介机构高管的任职要求为“可靠而胜任的”自然人，即需具备以下条件：

学历。必要专业知识的证明，可通过以下方式：一是由工商会进行客观评估；二是同等专业资格和可能的相关专业经验。

资质证书。个人可靠性证明：行为良好证明书；中央贸易 + C1 登记簿摘录。

财务状况证明。债务人档案摘录；破产法院的证明；税务机关出具的税务证明。

从业年限。根据教育/学位的类型，需要 1—3 年的保险调解专业经验。

道德要求。声誉良好可靠。在过去 5 年内受到法院刑事制裁的人被认为是不可靠的（刑事犯罪、欺诈、违反信托、洗钱、破产罪等）；在过去 5 年中没有经济犯罪行为，如盗窃、贪污、勒索、欺诈、不忠、洗钱、伪造、赃物、高利贷者或破产罪等，也没有被保监局处罚过。

其他要求。个人证件：个人身份证复印件。

三、德国保险中介机构的日常监管

德国的保险中介不受联邦金融监管局的直接监督，而是以中介行业组织开展行业自律为主。但《保险监督法》的第 23、第 26 和第 48 节中规定，允许 BaFin 监督保险公司的销售活动。BaFin 既可禁止保险中介从业人员以任何形式给予投保人特别津贴，还可禁止中介人代表没有授权从事相关类别保险业务的保险公司，在德国提交或缔结保险协议。BaFin 可以通过以下措施对保险公司实施制裁，从而达到间接管理中介人的目的[①]。

保险公司只能与根据《贸易法》第 34 条第 1（d）款规定获得许可执照、依法豁免许可执照或不受该条款约束的专业保险中介公司合作，且要求保险中介公司具备足够的资金才能代理投保人投保。保险公司要

① 《Insurance committee substantive report 2015 Germany》.

想与未获得许可执照、有豁免资格的专业保险中介进行合作，前提是保险公司能确保该中介安全可靠，财务井然有序，且有足够资格调解特定的保险产品。此外，保险公司必须对有关保险中介调解其保险产品的投诉作出回应。

无证经营从事保险中介业务属于行政犯罪，最高可处以5000欧元的罚款。此外，如果保险人违反上述规定，因故意或过失与保险中介合作，则构成行政犯罪，最高可处以15万欧元的罚款。任何为一家没有经营此类保险业务所需授权的公司，故意或疏忽地签订保险合同的中介人，都被视为构成行政罪行，最高可处以5万欧元的罚款。任何未经许可的外国中介人在德国从事保险调解活动都将受到制裁，但如果外国中介机构在另一个欧盟成员国注册为保险中介，就视为其拥有许可证。

四、德国保险中介从业人员资质管理和行业监管

（一）资质管理

来自非欧盟国家的外国公民要在德国从事保险中介业务，其要求与德国国民相同，而在欧盟境内其他国家已经登记注册的保险中介从业人员可以不受限制地在德国从事保险中介活动。保险中介从业人员开展业务前，需要在经纪人登记册上注册，其所需要提交的文件为：

1. 填妥的申请表格
2. 身份证复印件或类似身份证明文件
3. 用于证明公司法律形式的文件

如果该公司所在地位于德国，对于注册公司则需要商业登记册的摘录以及股东协议的副本；如果该公司位于国外，则需要来自其所在国家和地区的文件证明其合法形式。

4. 用于证明个人可靠性

如果申请人居住地在德国，则通常需要：（1）良好行为证书。

（2）中央贸易登记簿摘录。如果申请人居住地在国外，则需要来自申请人所在国家和地区的文件，证明其具有提供所需服务的能力。

5. 证明有序的财务状况

如果申请人居住地在德国，则通常需要：（1）债务人档案的例外情况。（2）破产法庭证明。（3）税务机关关于税务事宜的证明。如果申请人居住地在国外，则需要来自申请人所在国家和地区的文件，证明其生活在有序的财务状况中。

6. 专业证明或某些专业资格证明

需根据当地的主管工商会要求，提供相关的专业资格证明。

7. 证明存在职业责任保险

可根据所提供的服务，从负责的工商会或互联网上获取确认足够专业赔偿保险的样本。

（二）行业监管

《保险合同法》规定保险代理人需要履行告知义务、咨询义务和记录义务。保险代理人需要就自己以及其所代表保险公司的基本情况向客户如实告知；需要与客户充分沟通，尊重客户意愿制定合适的保险方案；需要以文字形式记录营销过程中与客户的主要谈话内容，最后由客户签字确认。

德国的保险经纪人主要依据《民法典》来进行管理。根据德国法律规定：保险经纪人必须投保职业责任保险，如果由于自身失职导致委托人利益受损的，应当承担相应的民事法律责任。

五、德国保险公司对中介机构及人员的管控责任

（一）保险代理人

保险公司在与中介人进行合作前，需要确保中介人经过一系列的培训和考试，并取得了资格证书，以保证中介人具备相关的保险知识、保

险调解和咨询的法律基础知识，且有能够提供详细的产品信息和有效的产品匹配的能力。

根据德国《专职代理人条例》的规定，申请参加专职代理人考试，包括保险代理人，必须先参加一系列培训和实践。德国目前只允许本国公民和欧盟成员国公民申请专职代理人资格考试。参与保险代理人考试的参试人员应取得大学理工科学位，并在相关领域具有至少 1 年的工作经验，或在德国国内外获得被认可的同等学力，或在相关领域工作经验达 15 年及以上。此外，参试人员还需要接受至少 34 个月的培训。培训包括三个阶段：第一，至少有 26 个月在保险代理机构或者保险公司营销部，并在有经验的保险代理人带领下进行实践。第二，在专利商标局实习 2 个月。第三，在专利法院实习 6 个月[①]。

如要成为正式保险代理人执业人员，在通过专职代理人考试后，还必须获得执业资格证。首先向专利商标局提出申请，批准后由专职代理人协会出具执业执照。此外，德国要求保险代理人执业人员必须参加宣誓仪式，在专利商标局作遵从各项规章制度、履行职责和义务的宣誓。

（二）保险经纪人

保险公司只能与根据《贸易法》第 34 条第 1（d）款规定获得许可执照、依法豁免许可执照或不受该条款约束的专业保险中介公司合作，且要求保险中介公司具备足够的资金才能代理投保人投保。保险公司要想与未获得许可执照、有豁免资格的专业保险中介进行合作，前提是保险公司能够确保该中介安全可靠，财务井然有序，且有足够资格调解特定的保险产品。

德国的保险经纪人主要依据德国《民法典》来进行管理。根据德国法律规定，保险经纪人必须投保职业责任保险，如果由于自身失职导致委托人利益受损的，应当承担相应的民事法律责任。

---

① 余娟娟. 德国专利代理制度的现状及启示［J］. 科技促进发展，2017，13（05）：365 - 369.

第四节　德国保险中介行业组织的地位及作用

一、德国保险中介行业组织概述

德国保险中介行业组织对保险代理人的监管主要通过《保险合同法》《保险中介指导方针》《反不正当竞争法》等法律来规范保险代理行为；对保险经纪人则通过德国保险经纪人协会（BDVM）进行行业自律和行为规范控制。此外，德国保险业务联邦协会（BVK）负责保险代理人和经纪人的相关事项。

（一）德国保险经纪人协会（BDVM）

德国保险经纪人协会①是德国最大的保险经纪人协会，代表着德国保险经纪人的利益。BDVM 成立于 90 多年前，拥有丰富的经验和资源网，在与 1984 年慕尼黑成立的保险经纪人协会合并后，该协会于 2002 年正式成立，目前已有 620 家保险经纪公司会员，且会员数量呈增长趋势。

BDVM 在国家和国际层面上积极倡导其成员的专业发展，协会为会员提供各种不同的服务，包括外部活动和内部支持。协会的宗旨是：代表会员的职业利益，促进会员的商业利益；确保保险经纪人的专业地位得到认可；有权在法庭内外反对不公平竞争。

（二）德国保险业务联邦协会（BVK）

德国保险业务联邦协会②成立于 1901 年，是德国雇主保险和建筑承

① 德国 BDVM 协会网址：https://bdvm.de/en/.

② 德国 BVK 协会网址：https://www.bvk.de/.

包商的专业代表，下设公共保险商代表委员会、人身保险委员会、财产保险委员会等委员会。在德国和欧洲联盟，大约有12500名直属成员和40000名成员通过代表协会成为公众、保险公司和政治的代言人。

BVK致力于维护其成员的各项利益，作为保险中介登记的平台，为独家代理、多头代理、经纪人、自然人等提供服务。协会的宗旨是：就专业事项向政府、实体、当事人、协会、代表协会和新闻界通报情况；就专业事宜向BVK会员提供意见，协助会员处理申请或投诉；为成员提供法律保障及法律援助；推进保险中介职业教育工作，深化会员专业知识。

（三）德国工商会协会（DIHK）

德国工商会协会是德国79个工商会（IHK）的中央组织。在保险中介方面，根据《贸易法》要求，在德国经营的保险中介机构必须在DIHK注册。德国工商会协会的79个分支机构分布在德国国内各州，负责所在地区相关商业企业的监督和管理。根据各州法律规定，分布在各州的IHK对保险中介机构进行监督，中介机构的行政违法行为监管属于当地IHK的职权范围。

二、德国保险中介行业组织的负责事项

德国保险经纪人协会并没有法定的监管职能，但是它对规范经纪人行为准则，确定保险经纪人商业原则等日常活动起到了重要的作用。保险中介行业组织主要负责其成员的行为规范、专业教育、信息交流、争议处理等事项。

德国保险经纪人协会负责事项见表2-2，包括：对保险经纪人进行持续的发展和培训、监督保险经纪人的行为规范、搭建保险经纪人交流平台、提供保险业最新动态、处理协会会员与保险公司、监管机构之间的关系、跟踪保险经纪人的财务状况等。

表 2－2　　BDVM 协会主要职责

协会名称	主要职责
保险经纪人协会（BDVM）	1. 对保险经纪人的行为进行规范和监督 2. 提供费用优惠，以支持会员继续接受教育 3. 决定保险经纪人加入协会的资格 4. 与其他中介行业协会合作 5. 与政府、其他监管机构等保持联系 6. 解决成员之间与保险经纪业务有关的争议 7. 举办全国性活动、会议等 8. 为会员提供优惠的广告材料、资源共享等服务

德国保险业务联邦协会负责事项见表 2－3，包括：对保险代理人和经纪人进行专业教育培训、搭建各协会交流平台、通报金融保险业等最新情况、处理协会会员法律纠纷、跟踪保险代理人和经纪人的财务状况等。

表 2－3　　BVK 协会主要职责

协会名称	主要职责
德国保险业务联邦协会（BVK）	1. 决定保险中介加入协会的资格 2. 加强会员接受专业培训 3. 与其他中介行业协会合作 4. 向政府、新闻界等部门通报情况 5. 解决成员之间与保险中介业务有关的争议 6. 为成员提供法律保障及法律援助

德国工商会协会设立审查委员会，专门负责管理保险中介从业人员的专业资格考试等方面。主要监管措施包括：第一，允许保险中介从业人员在任何地区工商会进行专业资格考试。第二，设立审查委员会，方便审查保险中介从业人员的资格考试等级。第三，成立联合审查委员会，对保险中介从业人员的专业资格考试执行专家审查。

三、德国保险中介行业及从业人员信息档案管理

德国保险中介行业及从业人员信息档案管理包括保险代理人和保险经纪人的信息登记和除名。

（一）保险代理人

申请成为保险代理人首先应在保险代理人管理机构注册登记，再由当地工商管理协会备案，然后保险监管部门负责核查申报材料，通过各流程的审批后，保险代理人方可参与销售。

根据《德国保险业监督管理法》规定，如果保险代理人违反相关规定，保险公司可对其进行经济处罚，并由所在保险公司开除。

（二）保险经纪人

首先，德国保险经纪人协会会员的信息登记于保险经纪人登记册和当地法院的商业登记册中，受联邦金融监管局和当地法院的管理。其次，德国保险经纪人协会负责对其正式会员和准会员的信息进行管理。《德国保险经纪人章程》第5条第1a款规定，会员资格要求主要从事保险经纪业务且从事保险经纪人业务满3年。对于满足规定的，保险经纪人协会将其作为正式会员身份登记于保险经纪人协会名册中；对于满足规定的，保险经纪人协会将其作为准会员身份登记于保险经纪人协会名册中。若3年内准会员满足正式会员规定的，自动转为正式会员身份；若3年内还未满足正式会员规定的，自动丧失协会准会员身份。

根据《德国保险经纪人章程》规定，有以下情况的协会可以将会员除名：（1）会员未按时缴纳会费。（2）会员未按时提交审查资料或不再满足会员条件。（3）会员所有人、个人责任合伙人、常务董事或执行董事会成员犯罪且未厘清责任关系的。（4）会员有违反协会利益的作为或不作为。（5）其他情况。

第五节　德国保险中介领域创新发展

一、互联网科技在德国保险中介领域的应用

（一）运用物联网技术

在德国，物联网技术逐渐被应用于保险公司和保险中介的业务中。对于一些高风险行业（如医疗保健业），在严格保护客户隐私数据的前提下，保险公司和保险中介机构对此类行业数据进行研究，因为这些历史数据是调整客户保费的基础。物联网技术通过大量设备的连接和实时传输，能够更高效地收集行业的大量数据并对数据进行细分，为保费和保险中介费的设置提供技术支持，并降低成本，缓解信息不对称问题。

物联网多维信息传输的特点能够帮助保险中介机构了解保险标的的真实状态，而不是过于依赖投保人的如实告知义务，保险公司和保险中介机构变被动为主动。物联网的运用在一定程度上缓解了保险公司和保险中介机构之间信息不对称的问题，一定程度上降低了保险公司和中介机构的承保风险。

保险中介机构可以通过物联网传输的多维数据对客户进行细分，多维度掌握客户的需求，并针对需求提供相应的服务。由于客户的需求可能会经常变化，与传统中介形式相比，运用物联网技术的保险中介机构能更及时有效地捕捉客户需求，提高服务质量。

（二）构建在线平台

欧盟委员会在2016年《在线平台、云与数据、中介责任、协作经济》报告中提出，在线平台是指在多个市场上开展业务，利用互联网

同时在多个相互依存的客户群之间实现互动并创造价值，某些平台也有资格成为中介服务提供商。这个定义表明，在德国，保险中介机构可以通过在线平台开展互联网保险业务，提供补充服务，这些服务可以是不同类型的，如签订合同前的信息服务、保险咨询服务、为缔约方的利益而进行的保险承保等。此外，还提供了在线平台例子清单，包括：通用互联网搜索引擎、专门搜索工具、基于位置的企业目录或某些地图、新闻聚合器、在线市场、音像和音乐平台、视频共享平台、支付系统、社交网络、应用商店、协作经济平台等，这些平台实例超过中介范畴，因此保险中介可以运用在线平台例子清单里的某些形式开展业务。保险中介机构不仅完成传统运行模式下的咨询代理等职能，还能利用投保人信息为保险公司提供客户分析规划服务。

二、保险科技应用在德国保险中介领域的监管要求

（一）保险合同法

《保险合同法》中对德国互联网保险中介机构提出了以下三方面的监管要求：

1. 咨询服务

《保险合同法》规定德国应用互联网科技的保险中介机构也是保险分销活动人，要承担咨询义务。

互联网保险代理人必须根据相关产品的相关数据确保投保人的需求，并澄清通常会发生的风险情况，但不必要进一步确定投保人的需求。互联网保险代理人需要向投保人指出签订保险合同中至关重要的所有方面，不仅包括产品特征（如利益、溢价等），还必须包括影响投保人是否投保的其他重要情况，如合同的税收相关问题、融资问题等。

互联网保险经纪人通常不仅局限于简单的产品描述，还需要通过其他更形象的表示方式（如图形、示例等）向投保人介绍更为详细的内

容，互联网保险经纪人不能仅仅介绍产品的财务特征（如保费金额、保险金额等），还必须披露相关的排名情况，如有必要，保险经纪人在向投保人提供建议时，还要考虑保险公司或保险产品的其他参数，如财务实力、破产保护、关税特征、投资盈利能力、服务和监督行为等。

2. 签订保险合同

保险代理机构通过互联网与投保人签订保险合同时可以提供电子表格，如果要求投保人在表格上进行签名或通过智能手机触屏输入数字签名，只保留电子表格是不够的，同时需要使用另一种媒介，也就是所谓的“媒体中断”。保险中介机构通过互联网与投保人签订保险合同时是在远程销售保险产品。

3. 获得许可

《保险合同法》还规定：如果互联网门户附加到特定的保险公司，该互联网门户的保险代理机构必须获得相关工商会许可，同时通过互联网开展业务的保险经纪机构也需要得到工商会许可。

（二）保险调解与咨询条例

《保险调解与咨询条例》中规定：在德国，互联网保险中介机构需要获得特定类型的营业执照。互联网保险中介首次与客户联系时就要披露其身份，以确保其有作为互联网保险中介的资格。此外，互联网保险中介机构还应在平台公示必要信息，以保证网站的清晰度和可理解性，仅通过单独链接让投保人来检索初始信息是不够的。

（三）保险分销指令

《保险分销指令》中强调在互联网保险的背景下保险公司与保险中介机构的公平竞争环境的重要性。《保险分销指令》对德国互联网保险中介机构提供咨询服务方面提出要求，在客户通过互联网向保险中介机构进行首次业务咨询时，保险中介机构的应用流程导向应合法合规。互联网保险中介机构必须以文本形式清楚易懂地向投保人提供咨询服务。此外，《保险分销指令》还要求互联网保险公司和中介机构设计客户导向的保险产品，维护、操作和审查每个保险产品的审批程序，包括对现有保险产品的重大调整以及营销或分销。

（四）个人信息安全监管

在保险公司和保险中介机构越来越倾向于使用保险科技开展各项业务的背景下，个人信息安全管理显得尤为重要，监管机构正不断尝试运用法律手段防范这类风险。德国的《保险分销指令》对信息安全提出要求，其核心是对客户进行足够的保护，尽管分销渠道之间存在差异，但对消费者的保护水平应该一致，该标准允许维持或引入更严格的国家规则。

保险业数字化分配既带来了法律风险，也为市场提供了机会。随着物联网技术运用的越来越广泛，欧盟委员会决定要加强相关法规制定和监管力度，为保护投保人和被保险人的个人隐私制定相应保障计划，用以赔偿遭受这类损害的个人。《保险分销指令》规定互联网保险中介机构应开发、实施并持续地调整以客户为中心的且合法的在线流程，以保护客户的个人信息安全。

第三章 英国保险中介市场监管研究

第一节 英国保险中介的组织类型及发展情况

一、英国保险中介的定义范畴

英国的保险中介主体形式呈现多样化，主要包括保险经纪人、保险代理人和保险公估人等。此外，还包括有承保授权的保险代理人或保险经纪人。英国保险组织类型可以是法人实体、合伙企业，也可以是非公司制的社团组织或者个人。

英国的保险经纪人按不同分类方式，可分为寿险经纪人与非寿险经纪人；经手客户保费经纪人与不经手客户保费经纪人；普通保险经纪人与劳合社经纪人等。

英国的保险代理人可分为指定代理人和公司代理人两类。指定代理人在从事自身业务的同时接受保险人委托，代表保险人办理保险业务，不必是专业的保险从业者，如是银行、事务所等机构或律师、杂货店老板等个人；公司代理人需要在登记注册后方可展开代理业务。

二、英国保险销售的中介渠道

保险经纪人是英国保险中介市场最重要的组成部分，提供的服务内容广泛，包括市场调查、风险管理咨询、保险方案设计等服务，发挥着十分重要的作用。英国的保险经纪人大多从事财产险业务，涉足寿险市场较少。

保险代理人种类较多，按业务领域划分，可分为财产险代理人（可与多家财产险公司合作）和寿险代理人（仅能与一家寿险公司合作）。除专门从事保险中介业务活动的保险代理人外，还有一类兼职从事保险销售活动的机构和个人，被称为指定代理人。指定代理人在从事本职工作的基础上代理销售保险公司产品，其所售保险产品包括财产险及寿险产品。

授权承保人是保险人的代理人，根据与保险人之间签署的授权承保协议，在承保授权范围内，承接保险业务、签发保险合同、收取保费，或者处理赔案的保险中介机构，保险代理人和保险经纪人都可以根据与保险人之间签署的授权承保协议，成为授权承保人。

三、英国保险中介市场发展现状

保险经纪人在英国拥有独特的法律地位，比保险代理人有更高的灵活性和自由性。英国经纪制度的发达有其深厚的历史背景，这种模式在英国发展良好，在世界保险市场上比较独特。英国保险经纪公司的业务范围涉及财产保险、人寿保险和再保险领域。

根据保险欧洲（Insurance Europe）① 的统计，2017 年英国寿险行业

① 保险欧洲为欧洲最大的保险行业组织，由数十个国家级保险行业协会组成。——编者著

新单保费收入中，由保险经纪渠道贡献的保费收入占比达到73%，直接销售占比18%、代理人销售占比9%；非寿险业务中，经纪渠道贡献保费收入占比52%，直接销售占比31%。保险中介在保险市场上作用明显：一是为保险公司开发新工具，经纪人为客户和保险公司开发了一系列新服务，包括数据服务和分析服务，产品和项目设计以及市场选择和交易的新方式，如广泛的市场跟踪工具以及专门为特定市场区域提供定制解决方案的工具。二是为保险公司提供新服务，可提供给保险公司的服务包括咨询服务、战略支持、数据分析、业绩反馈、行政管理服务等。

2019年英国保险中介公司数量4888家，收入超过172亿英镑。英国保险中介市场由一些大型领先企业与小型企业竞争而形成，其中包括Marsh & McLennan，Aon，Willis Towers Watson和Arthur J Gallagher。按照FCA要求，为消费者提供建议或安排抵押贷款、保险单或零售投资产品的公司必须向FCA发送Retail Mediation Activities Return（RMAR）。自2016年以来，FCA已经公布了RMAR的数据，2016年以来英国保险中介市场规模见表3－1。

表3－1　2016—2019年英国保险中介市场规模

规模	2019年	2018年	2017年	2016年
公司数量（家）	4888	4994	4999	5083
收入（英镑）	17212276069	16994074586	16144197578	15014721354

预计到2024年，英国保险经纪市场规模将超过199亿美元。稳定的增长率可以归因于医疗保险、意外保险和许多其他保险机会的增加。同时，中小企业的崛起也在推动保险产品的需求。人工智能等技术的发展对经纪人的工作构成了威胁。同时，技术也提供了一个机会，解放了经纪人的时间，帮助他们专注于基于风险的客户管理活动，并专注于提供建议。近年来，机器学习和AI的进步使经纪人能够更加专注于商业智能，这包括将原始数据转换为关键的营销信息，使用机器学习和AI可以帮助经纪人创建数据集，然后创建相关信息并将其共享给客户。

第二节　英国保险中介监管体系及法律法规

一、英国保险中介监管体系介绍

英国金融行为监管局以及《2000 年金融服务和市场法案》规定了保险经纪人的申请资格、注册、保证金、业务范围、基本原则、保险经纪人和被保险人的权利和义务、对保险经纪人的监管措施等；成立了保险经纪人注册理事会，既是保险经纪人的注册监管机关，也是法定保险经纪人职业认证机构。

英国保险经纪人注册理事会颁布的《经营法》，对保险经纪人的信誉、宣传及服务进行监管，对违法经纪人进行除名。英国保险经纪人协会（BIBA）配合国家立法机关对保险经纪人的行为进行监督，并代表保险经纪人参与同政府、其他保险组织以及商业机构进行谈判。

二、英国保险中介监管机构和职能

金融行为监管局（FCA）是英国金融投资服务行业的中央监管机构，负责监管银行、保险以及投资业务。

（一）战略目标

FCA 的三个战略目标是保护消费者权益、增强市场稳定性和保持市场竞争性。

（二）主要职能

FCA 的主要职责是对金融机构的市场行为进行监管，包括对部分机构进行审慎监管。其中，对保险中介机构的监管主要包括市场准入、高管审批、设定业务原则、设定运营标准、定期评估、分类监管以及调查与处罚违规行为等。

（三）监管模式

FCA 的三大模式包括前瞻性机构监管、专题和产品线监管以及基于事件的响应式监管。

（四）监管政策工具

FCA 采取的监管政策工具主要包括金融机构系统性评估框架（FSF）、专题审查、市场分析等。

FSF 是 FCA 行为监管的核心工具。核心是确保金融消费者利益和市场诚信被金融机构摆在核心位置，强调从多个维度对金融机构进行考察并且在评估时要进行提前干预。FSF 由两个部分组成：一是商业模式和战略分析，目的是分析一家金融机构盈利模式及其可持续性；二是深度评估金融机构日常经营行为，判断其是否包含消费者保护理念和态度。

专题审查是三大监管支柱中“专题和产品线监管”常用的政策工具，倾向于从行为规则层面给出政策建议。在运用中，专题审查会以某一特定主体或一类产品为对象，是一种功能监管工具。主要目的是分析金融产品是否存在危害消费者权益或市场诚信风险，风险程度大小，风险深层次原因，以便有针对性地采取措施。

三、英国保险中介监管法律法规

在保险业监管法律法规方面，英国的保险行业没有成文的保险业监管法规或保险中介监管法规，英国政府和监管当局更加注重从制定市场原则的角度来规范机构的市场行为。目前，英国的保险中介机构需要直接遵守的监管法规是《2000 年金融服务和市场法案》以及 FCA《规则和指引手册》。上述监管法规中主要规定一些最重要和最基础的监管要求，在实际的监管中，FCA 允许各中介机构在实际操作中享有一定的灵活性。

（一）2000 年金融服务和市场法案（FSMA）

FSMA 是英国金融业的基本法之一，2001 年 12 月颁布生效，分为 30 篇，共 433 条以及 22 个附录。FSMA 界定了金融监管机构和被监管者的权力、责任及义务，起到统一监管标准和规范金融市场运作的重要作用，是英国金融监管体制的重大变革。FSMA 的 22 个附录对主体条款中的细节内容作出了进一步的解释说明。FSMA 从生效至今，几乎每年都有一定数量的修正案被公布实施。

（二）规则和指引手册

英国对保险中介和保险公司的两个指导文件是《保险分销指令》（IDD）和《保险业：商业行为手册》（ICOBS）。

1.《保险分销指令》（IDD）

IDD 是欧盟范围内旨在为保险分销创造“公平竞争环境”的新指令，为中介机构和保险公司带来新的要求，要求公司行为诚实、公平、专业，符合客户最佳利益。本指令旨在：确保中介机构的标准一致，显著提高行为标准，改善消费者保护，推动有效竞争，提供保险产品信息文件。

IDD 的一个关键要求是引入一个新的保险单摘要，即保险产品信息文档（IPID）。这是为了帮助个人客户了解他们的保险中包含的内容，并在报价、续保或中期重大变更时提供。IPID 将作为我们向您提供的标准服务的一部分，并将取代关键事实文件。IDD 提供指南，专为英国保险公司设计，旨在突出 IDD 的某些重要方面。而不是覆盖新制度的每一个要素。

2.《保险业：商业行为手册》（ICOBS）

2008 年《保险业：商业行为手册》取代了旧的《保险业：商业行

为手册》。两者的不同之处有：

（1）将保险产品分为保障性产品和其他产品。保障性产品包括纯保障性产品，如定期保险、重大疾病保险、收入保障性保险、支付保护保险；其他产品泛指所有其他普通保险产品。

（2）在适当的情况下，在指令允许的范围内，简化并转向基于原则的法规，以便向零售和商业客户销售所有非投资保险产品。

（3）实施后不久进行监测活动，以检查保护产品的新提案是否按预期实施；实施后审查将包括根据我们将私人医疗保险（PMI）列入其他类别的决定，审查 PMI 市场中的消费者结果，以及评估口头披露对消费者结果的影响；研究对普通保险市场的影响。

四、英国保险中介违规处罚案例

2019 年 FCA 对 The Carphone Warehouse 处以 2910.76 万英镑的罚款，因其失误导致“Geek Squad”（一种手机保险和技术支持产品）的误卖；2018 年 FCA 对 John Lawrence Radford 处以 468800 英镑的罚款，原因是其违反有关客户资金/资产的规定，以及在普通保险和受保护领域缺乏适当性；2018 年 FCA 对 One Call Insurance Services Limited 处以 864000 英镑的罚款，原因是其违反了与普通保险和受保护领域客户资金/资产有关的规定；2018 年 FCA 对 Interactive Brokers（UK）（IBUK）在 2014 年 2 月至 2015 年 2 月期间在交易后系统和识别与报告可疑交易的控制方面存在缺陷，处以 1049412 英镑的罚款；2017 年 FCA 对 Bluefin Insurance Services Limited 处以 4023800 英镑的罚款，原因是其系统和控制措施不足，未能以清晰、公平的方式向客户提供有关 Bluefin 独立性的信息；2016 年 FCA 对 Timothy Duncan Philip 处以 60000 英镑的罚款，原因是其违反了第 6 条的规定，并且与 Tower Underwriting Group Limited 相关的普通保险和受保护领域的客户资金/资产不足有关；2016

年 FCA 对 Towergate Underwriting Group Limited 处以 2632000 英镑的罚款，原因是违反了与普通保险和保护部门客户资金/资产有关规定。2016 年 FCA 对 Shay Jacob Reyes 处以 1050000 英镑和 13130000 英镑的罚款，原因是违反了《2000 年金融服务和市场法案》第 63A 节和 FIT。

第三节 英国保险中介的准入政策及市场行为监管

一、英国保险中介机构市场准入及退出规则

FCA 对保险中介的市场准入主要依据《2000 年金融服务和市场法案》。按照现有机构准入的审核原则，大致分为审核制和非审核制两类。

（一）原则性的审核制

对于保险经纪人和专职从事保险代理业务活动的代理人，FCA 要求的准入门槛包括：拥有可以受监管的法律实体；办公地点在英国；FCA 必须能对公司进行有效监管；拥有适当资源，包括办公设备，相应的人员等；有效的商业运营模式；以审慎的方式开展业务以及适当的授权。在实际审核中，FCA 会根据中介机构申请从事保险业务活动的复杂性，根据上述准入要求来进行原则性的审核，如对于简单的保险业务代理则审核较为简单，对于申请经营综合性的全险种业务则需要较为复杂的审核手续。

（二）非审核制

FCA 对于兼职从事保险中介业务活动的指定代理人并不进行准入审核，也不颁发营业执照或者相关资质证明，但有一些原则性的要求，

如具有稳定的财务状况，具有良好经营且可持续的主营业务情况，个人信用状况良好等。想要成为指定代理人的银行、百货商店等机构，或律师、会计师等个人只需要经过简单的培训，熟悉基本的保险知识以及签发保单的一些必要手续即可与保险公司合作，成为该保险公司的指定代理人。

二、英国保险中介机构高管任职资格

英国保险监管机构对保险中介个人的主要从业资格要求来自 FCA 的高级经理和认证制度（SMCR）。在金融行为监管局（FCA）的 SMCR 体制下，个人可能会因行为不检而受到罚款。保险分配指令（IDD）规定了围绕员工角色和职责的角色和职责，并概述了每个员工每年必须完成 15 小时持续职业发展（CPD）。这 15 小时必须包括与客户打交道的产品治理、投诉处理、行为业相关事宜等以确保遵守该指令。

公司必须确保其充分遵守 FCA《规则和指引手册》。这包括纪律政策和雇员可能没有遵守这些条例的终止雇用规定。对违反规则的处罚可以是罚款，也可以是公开谴责，还可以包括根据违规行为的严重性和 FCA 对公司的调查，限制或延迟授权。根据 FCA 的 SMCR 制度，个人会因行为不端而被罚款。公司必须确保有一个监管参考制度，如雇佣条款和条件、员工手册和政策、纪律政策和解雇规定等关键文件需要与 SMCR 保持一致。

公司需要起草责任文件。所有 SMF（Senior Management Functions）应在责任声明中规定责任，结合到职责图中，以显示组织内部的责任结构。提供有关行为准则的培训 SMF 和认证职能人员必须接受培训；所有其他相关员工都应接受培训；确保有适当的认证制度。当规则生效时，员工必须能够证明认证职能持有人的合规性，否则他们将无法履行监管职能。

网销渠道在整个英国保险业的占比达到32%，电销、网销渠道的成长速度达到52%。2004年车险和家财险网销比分别达到41%和26%，2010年车险和家财险网销比分别达到47%和32%。英国保险业正在进入中介销售渠道的快速变轨期，代理人渠道占比已经从1998年的54%降到2008年的30%。

二、保险科技应用在英国保险中介领域的监管要求

针对互联网保险的迅速发展，英国采用了相对宽松和一致性相结合的监管模式。依托健全的行业自律组织和有效的电子商务环境，政府监管对产品研发和费率厘定通常不加干预，对互联网保险实施统一行业标准，赋予电子保单与纸质保单同等法律效力，保证线上线下监管一致，为互联网保险发展提供广阔空间。

英国的政府监管主要集中在互联网保险的区域管辖权、市场准入、技术安全、服务质量等方面。互联网保险产品可以不受地域限制进行销售和交易，所以必须明确跨区活动的管辖权以减少法律纠纷。在市场准入方面，以适度审慎的原则进行制度安排，筛选道德和信用良好、技术操作规范、风控体系完善的商业保险经营主体。在技术安全方面，消除网络各类隐患，加强技术更新，在网络保险经营过程中，对在线业务流程进行实时监控，及时发现问题并进行治理，更好地提升服务质量。

尽管政府监管相对宽松，但针对互联网保险业务规模扩大而产生的各种风险，英国特别重视加强防范与监管合作。首先，以清晰透明的法律法规为支撑，最大限度降低互联网保险的法律风险。其次，要求保险公司的信息披露必须全面充分，保单中应对新产品的潜在风险作出具体描述。在强化风险防范的同时，为提高监管效率，英国还十分注重市场和监管机构以及监管机构之间的协调与合作，形成多元监管体系。

总　结

根据2019年保费收入，欧洲市场保费排名前五的国家分别是英国、法国、德国、意大利和荷兰。其中，英国作为18世纪的国际海上保险市场中心，享有“近代保险王国”的称号，而德国社会保险发达，是再保险强国。

德国的保险中介仅指保险经纪人和保险代理人，代理人渠道的市场占比高于经纪人渠道。其保险中介市场的监管受两个层面的监管：一是作为欧盟成员接受欧盟——欧洲保险和职业养老金管理局（EIOPA）的监管；二是根据德意志联邦共和国的联邦制度，接受联邦政府和联邦各州的监管，即联邦金融管理局（BaFin）的监管。同时，作为老牌的欧洲保险业发达国家，德国已具备完善严格的金融监管法律制度体系，在《保险监管法》《保险合同法》的主要法律框架下，还有《偿付能力Ⅱ指令》《保险调解与咨询条例》《保险分销指令》等法规条例。

作为世界上历史最悠久、欧洲最大的英国保险市场，其保险中介人的主体形式多样，主要包括保险代理人、保险经纪人和保险公估人等。英国的监管体系也非常完备，其中金融行为监管局目前是全世界监管最完善、法律执行力最强的金融监管机构，负责银行、保险以及投资业务的监管。在制度监管上，已经形成一套独特有效的监管方法，中介机构的市场行为规范主要依据《2000年金融服务和市场法案》和FCA《规则和指引手册》等监管法规。

近几年来，欧洲保险科技市场蓬勃发展，智能保险产品如雨后春笋般涌现，给客户带来更加优质的保险体验。来自伦敦的 Start - up Boot Camp（保险科技创业加速器）和普华永道的研究显示，75% 的现有保险公司相信，对该行业的最大影响将来自于新产品的开发，而不断变化的客户需求是其直接动力。欧盟国家也陆续通过的《一般数据保护条例》《保险销售指令》对保险销售渠道和业务模式进行规范化管理。

美洲篇

在美洲保险市场上，中介机构具有相对灵活，服务水平较高的特点，在很多细分领域扮演独特角色，独立代理人是美洲保险市场中的第一大渠道。瑞士再保险公司《2016年度世界保险业：中国继续强劲增长》中的统计数据显示，2007—2015年以美国为代表的美洲寿险市场中，通过保险中介（代理人、经纪人和其他中介如银行等）销售产品获取的保费占比一直超过90%。

美国保险业自第二次世界大战以来迅猛发展，在公司数量、业务种类和体量、经营模式、法律体系建设等方面，一直居于世界前列。美国的代理人和经纪人在20世纪实现快速发展，推动整个寿险市场专业化水平提升，客户需求导向明确。美国的寿险公司主要通过专属代理人和独立代理人销售产品，根据LIRMA数据，2018年美国个人寿险产品销售有40%来自专属代理人，48%来自独立代理人，剩下的12%来自直销和银保等其他渠道。

美国在保险中介机构监管模式方面，采用政府监管和行业自律相结合的方式。由于各州立法和监管标准相对独立，联邦政府组建了全国保险监管官协会，在各州当地保险监督局的基础上，统筹协调全国各州保险中介业，共同制定相关法律并实施监管，规范行业发展，促进行业繁荣。

基于发展历史、市场规模以及监管制度的代表性和成熟度，本书选取美国作为美洲地区保险中介市场监管研究的样本国家。

第四章 美国保险中介市场监管研究

第一节 美国保险中介的组织类型及发展情况

一、美国保险中介的定义范畴

美国保险中介市场包括保险代理人、保险经纪人和保险理算人，分别在不同领域发挥各自的作用。美国拥有庞大的保险代理销售网络，寿险市场以保险代理人模式为主；保险经纪人包括财产与责任保险经纪人和人寿保险经纪人，前者在体量上占有优势；保险理算人的职责是参与风险查勘与定损理赔。

保险代理人是指保险公司指定的为了其利益征询保单申请或协商保单的个人、合伙人或公司。根据代理保险业务的类型，可分为人寿保险代理人、事故及健康保险代理人和财产责任保险代理人；根据代表保险公司的数量，可分为专业代理人与独立代理人。

保险经纪人是指收取报酬，并不以经许可的代理人的身份为保险公司订立保单，而是为第三方协商保险、安排风险，并使保险合同生效的个人、合伙人或公司。在财产与责任保险领域，规模较大的经纪公司可以在世界范围内为大工商企业提供保险服务和风险管理咨询服务。财产保险经纪人有独立经纪人和经纪公司之分，如果财产保险的独立代理人拥有 15 家以上公司代理执照则被称为独立经纪人。

保险理算人是指调查索赔、确定保险范围、检查相关文件和检查财产损失的人员。理算人也可以根据保险合同或者保险计划确定应当支付的赔偿、损失或者损害的金额。理算人通常通过协商解决索赔。在一些州，理算人的权限仅限于汽车、房主、工人补偿或农作物保险等专业领域。理算人分为三类：公共理算人、独立理算人和公司理算人。公共理算人代表被保险人，独立理算人和公司理算人代表保险人，美国超过 30 个州需要通过许可才能从事理算人工作。

二、美国保险销售的中介渠道

美国的保险销售渠道包括以下几种：通过邮件、电话和网络进行的直接销售；通过雇佣保险营销员进行销售；专属保险代理，这类代理仅销售某一保险公司的保险产品；独立保险代理，销售多个保险公司的保险产品；保险经纪；银行保险等。

在寿险方面，保险代理人是保险销售的主要渠道，在美国有些州保险经纪人不参与人寿保险和年金保险业务；在财险方面，美国以保险代理人和保险经纪人相结合的方式开展保险营销。

早期美国保险销售渠道以专属代理人为主。近年来，在金融危机等多重因素下，专属代理人开始向独立代理人迁徙，但独立代理人由于没有公司背书，在业务开展方面也存在一些影响，故在 2009 年之后市场更趋于均衡式发展。

三、美国保险中介市场发展现状

美国保险中介市场能够提供更专业的高质量服务、具有更强的客户关系维护能力，当所保障的风险越复杂或异质程度越高时，中介代理渠道的市场占比越高。保险公司和投保人的有效匹配是中介代理渠道的天然优势，这大大提高了美国保险市场的效率，降低了搜索成本，很大程度地消除了保险当事人双方信息不对称的问题。截至2017年末，美国保险市场中保险公司数量为5954家；一般代理人及经纪人数量为8313756家，理算人数量为1407741家。根据美国独立代理人和经纪人协会的调查，截至2018年，美国独立代理人的数量为36500人。

美国个人寿险的销售渠道以独立代理为主，其近十年来的保费收入占比维持在50%左右，2018年为51%，专属代理人渠道保费收入占比不到40%；2018年为38%，直接渠道占比6%，其他渠道占比5%。此外，美国各渠道寿险产品的结构也有不同的特点，专属代理人以销售终身寿险和定制寿险为主，独立代理人以销售万能寿险为主。

美国财产险可以分为个人业务（Personal－line）和商业产险（Commercial）业务。在个人业务的销售中，专属代理人占主导地位；在商业产险的销售中，保险经纪人占主导地位。商业产险销售以保险经纪人为中心的主要原因是投保人主要为大企业，风险和需求各有不同、需要进行专业的分析，且佣金支付标准也会随之变化，需要专业素质更高的保险经纪人。此外，美国的保险经纪人还可以为投保人提供融资、再保险等服务，这使得保费较高、风险概率差别大的商业产险更倾向于保险经纪人。

第二节　美国保险中介监管体系及法律法规

一、美国保险中介监管体系介绍

美国对保险中介市场采取政府监管与行业自律相结合的双重监管模

式。联邦政府通过全国保险监督官协会（NAIC）来对全国保险中介业的情况进行协调。每个州有一名保险监督官负责监督保险法的执行情况。州政府对其州内保险业的监督管理一般是立法、司法和行政的三方监管模式。美国拥有众多涉及保险中介的行业协会，如独立保险代理人和经纪人协会、美国保险代理人和经纪人协会、美国寿险业协会、特许金融顾问协会、百万美元圆桌会等。

二、美国保险中介监管机构和职能

（一）全国保险监督官协会

联邦政府通过全国保险监督官协会（NAIC）对全国保险业进行协调。NAIC 的官员包括主席、当选主席、副主席和秘书，这些人每年由成员通过无记名投票选举产生。同时，为了帮助组织 NAIC 的工作，美国被划分为四个地理区域：东北部、东南部、中西部和西部。每个区域都有自己的主席、副主席和秘书，这些人也都是 NAIC 执行委员会的成员。除了执行委员会，NAIC 还有七个额外常务委员会：人寿保险和年金委员会、健康保险和管理保健委员会、财产及意外保险委员会、市场监管及消费者事务委员会、财务状况委员会、金融监管标准及认可委员会、国际保险关系委员会。

（二）联邦保险局

联邦保险局（FIO）作为财政部的一部分，其董事由财政部部长任命。该保险局向财政部和其他联邦机构提供有关保险事务的专门知识，并参与保险业相关的国际讨论。FIO 的权力范围延伸到除健康保险、长期护理保险和受《联邦农作物保险法》管辖的农作物保险之外的所有保险业务。FIO 不仅负责监督保险行业的所有方面，还负责该行业内部可能导致更广泛金融体系系统性危机的活动。此外，FIO 还在帮助陷入困境的公司摆脱金融方面的危机中发挥重要作用。

（三）联邦保险咨询委员会

联邦保险咨询委员会（FACI）的设立旨在向 FIO 提出意见和建议，以协助其履行职责和权力。FACI 的主要职能为保险监管机构和官员、生命、财产和意外保险行业的杰出成员、再保险公司、代理人和经纪人、学术界和消费者提供论坛。

三、美国保险中介监管法律法规

（一）《纽约州保险法》

《纽约州保险法》对中介从业人员行为进行规范，其中规定了个人、合伙人、协会或公司作为保险代理人或保险经纪人取得执照的要求及例外情况；给出了保险代理人、保险经纪人、保险顾问的定义；说明了哪些业务属于受控制的业务，这些特殊业务不能被授予、续签许可证或允许其继续生效；规定了佣金支付的方式，规定了领取执照的要求，如支付一定的费用、参加职业资格考试等；规定了保险代理人在提供保险咨询服务之前必须准备一份书面协定并取得投保人的签名同意，书面协定的格式经监督官同意。

（二）《保险中介人示范法》

《保险中介人示范法》为保险中介资格考试提供了指导意见，所有美国保险中介从业人员均需通过资格考试，熟悉保险中介的义务和职责以及适用于该州的保险相关法律法规；对保险中介资格初次授证及续期进行了统一规范，主要包括：法律权利、教育背景、背景审查以及持续的专业度；规定了保险代理准入，但是未明确约定保险中介退出规则，但如果保险公司终止对保险中介的任命、雇佣、合同或其他保险业务关系的，该法律也作出了相应的规定等。

（三）《授权代理人法》

授权代理人是指根据保险公司授权管理特定区域内全部或部分保险

业务的保险中介。授权代理人可代表保险公司进行保险营销、承保、出单、收取保费、委任和监督其他保险代理、支付保险赔款以及协商再保险相关事宜。

《授权代理人法》规定了在某一州范围内成为授权代理人前必须获得该州保险中介的资质；授权代理人与保险公司开展业务前必须与保险公司签署书面合同，约定双方的责任、职责以及授权代理人法所约定的其他内容；授权代理人不得将该合同全部或部分进行转包；保险公司应要求授权代理人缴纳不低于 10 万美元或该授权代理人经手的年度保费的 10% 且不超过 50 万美元的保证金以保护保险公司；保险公司必须根据其与授权代理人签署的合同监管授权代理人的财务稳定性等。

第三节 美国保险中介的准入政策及市场行为监管

美国保险监管包括联邦政府的 NAIC 和各州政府的保险监管局两个层面，美国各州的保险监管局不隶属于 NAIC，保险监管局可依据本州法律对保险中介实施直接管理和监督。NAIC 长期以来一直主张更多地使用技术标准来简化许可流程。以下将基于 NAIC 发布的 *State Licensing Handbook 2018* 中的内容及示范法进行介绍，其未涉及各州对保险中介机构高管任职的资格要求以及日常监管规定。

一、美国保险中介机构市场准入及退出规则

《保险中介人示范法》规定：保险中介必须受到保险公司委任后才能成为其代理；若保险公司拟委任保险中介成为其代理，保险公司必须在代理合同签署或者初次保险申请提交的 15 天内按照保险监管局批准的格式提交委任通知，保险公司也可以通过一份委任书指定保险中介作

为保险控股公司下多位承保人的代理；收到保险公司上述委任通知后，保险监管局将于30日内审查该保险中介的委任是否合法，若经审查发现对该保险中介的委任不合法，则保险监管局将于5日内通知保险公司该判定结果；保险公司根据其所适用的州立法支付委任费用及其后继续委任的费用。

《保险中介人示范法》规定：年满18周岁的美国居民，不存在因出现第12条规定之情形导致被拒绝、暂缓或者撤销授证的情况，根据保险监管局的要求完成对应保险险种的预授证课程，根据州立法支付相应费用且通过考试（非美国居民另作要求）；法人必须根据 *Uniform Business Entity Application* 提交申请，并且需要根据州立法支付相应费用，根据国家和州立法及监管要求指定一名被许可的保险中介人负责公司合规，保险监管局可根据申请在合理范围内要求申请人提交相关的文件用以核实信息。

《保险中介人示范法》未明确规定保险中介退出规则，只规定：若因为保险中介存在，或是被法院、政府机构、根据法律授权的自律组织认定存在《保险中介人示范法》第12条所规定情形之一，或是保险公司终止对保险中介的任命、雇佣、合同或其他保险业务关系，保险公司或其授权代表应在该等终止生效的30日内根据保险监管局规定的格式向保险监管局报告。若保险监管局另有书面要求的，保险公司还应提供其他与终止相关的信息、文件、记录和数据。

二、美国保险中介机构高管任职资格

美国对保险中介制度的约束主要经过各州保险法律或法律中的特别规定、自律性规则和保险中介合同体现。[①] 由于各州都有自己独立的立

① 姚壬元．美国保险中介制度［J］．中国保险，2001（12）：58－60．

法权，因此对保险中介人的立法管理，无论在范围上还是在具体内容上均存在很大差异。保险中介人需要遵守的自律性守则包括美国寿险业协会、特许金融顾问协会、百万美元圆桌会等的职业道德守则。

三、美国保险中介机构的日常监管

（一）经营检查

在日常监管中，美国各州的保险监管局要求保险公司定期报送日常经营数据和经营报告等资料以掌握各机构的运行情况，以便及时发现并纠正违反法律法规的经营行为。除此之外，为保护消费者权益，各州的保险监管局有权对保险公司和保险中介机构开展市场行为检查，包括定期检查和因投诉或其他原因引起的临时检查。在实际监管中，各州保险监管局单独针对保险中介机构开展的现场检查并不多，主要是针对某一特定问题进行随机检查或要求中介机构提供相关的业务财务资料。

（二）主动报送

根据《保险中介人示范法》第 17 条规定：保险中介应当向州保险监管局报告根据其他立法管辖或该州其他政府代理机构对其实施的行政措施，且该报告应包括行政令副本、对行政令的确认或任何其他相关法律文件。在初审开庭日期的 30 天内，保险中介应向保险监管局报告在任何司法管辖区内对其提起的任何刑事起诉，该报告应包括最初提交的诉状副本，有关听证会的命令以及任何其他相关的法律文件。

（三）市场行为监管

在禁止销售误导方面，NAIC 在 1945 年实施的不公平交易实务法案明令禁止对保险利益、条款、分红和保费的不恰当表述及关于保险业务的误导或欺骗性宣传，某些州实施了更严格的禁止销售误导的法规。

在信息披露监管方面，要求代理人在投保人告知方面负有完全责任，告知包括保险合约的条款和适用条件、替代合约要求代理人保证投保人完全知道该合约的执行、替代合约必须包含免费审阅期，以使得投保人能够充分比较新合约和原合约等。

在寿险业务方面，终身寿险、万能寿险和定期寿险等险种的死亡利益、现金价值的演示要求必须使得投保人理解该演示是基于假设进行的，并不代表未来的真实状况。

在价格监管方面，为避免保险中介采取向投保人返还佣金的不正当竞争手段，美国自20世纪40年代就实施了转售价格限制的监管。1860年，美国人寿保险行业就意识到保险中介存在上述返还佣金的不正当竞争行为，当首年佣金高于首年保费时容易引发保险欺诈。

四、美国保险中介从业人员资质管理和行业监管

《保险中介人示范法》第5条为保险中介资格考试提供了指导意见，根据该条款，所有保险中介从业人员（美国居民）需要通过笔试（除非根据《保险中介人示范法》第9条被豁免），笔试内容包括：基础知识、保险中介人的义务和职责、适用于该州的保险相关法律法规。

另外，根据保险经纪中介授证委员会主席签发的指导性意见，保险中介资格初次授证及续期进行了统一规范：

（1）法律权利：年龄18岁以上，具有民事能力，具有美国国籍或合法的工作单位授权。

（2）教育背景：通过保险中介资格考试。

（3）背景审查：采集指纹、完成统一格式的背景调查问卷、遵守《保险中介人示范法》第12条规定的廉洁和个人资质的规定。

（4）持续的专业度：所有保险中介在其执业期间除需要遵守上述要求以及在续期时重新提交背景审查申请外，还需要完成24小时有关主要险种的继续教育，其中包含3小时有关职业道德的内容。

五、美国保险公司对中介机构及人员的管控责任

根据《授权代理人法》第 5 条规定：保险公司必须根据其与授权代理人签署的合同监管对授权代理人进行管控：

（1）根据保险监管局要求的格式，与每个有业务往来的授权代理人建立单独的财务考核记录。

（2）如果授权代理人设立损失准备金，除根据要求确保授权代理人持有损失准备金相关证明文件外，保险公司还应按年度对授权代理人就其业务所引发的和未偿还的损失而预留的损失准备金是否充分获得精算师的意见。

（3）保险公司应当定期（至少每半年）对授权代理人的核保及索赔流程进行现场检查。

（4）将所有再保险业务权限限制在保险公司人员范围内，不得与授权代理人有任何关联关系。

（5）在与授权代理人建立/终止授权关系的 30 日内，保险公司应当向保险监管局发出书面通知。

（6）保险公司应当按季度根据《授权代理人法》的规定审阅保险中介的业务记录，以确认其是否能根据《授权代理人法》的规定成为授权代理人。

（7）保险公司不得将其授权代理人的职员、总监、雇员或实际控股人任命为董事会成员。

（8）保险公司应当保存根据《授权代理人法》所要求的保证金供保险监管局审核。

第四节　美国保险中介行业组织的地位及作用

一、美国保险中介行业组织概述

美国保险业是政府管理与行业自律相结合的双重管理机制，行业组织在保险市场发挥着十分重要的作用。这些自律组织通过制定行业自律条例及守则对从业人员的业务水平、销售职业道德、日常行为规范等加以约束，负责对保险中介从业资格的审查、考试的组织、佣金的管理及日常行为的监督。通过建立保险中介人信息档案库，对保险中介人的执业情况进行全面记录，并接受社会公众对保险中介人的查询和投诉。

美国保险行业协会主要分为同业公会、专业服务和教育培训三大类。其中，同业公会一般是按寿险、非寿险、再保险、中介等行业分类，包括独立保险代理人和经纪人协会（IIABA）、美国保险代理人和经纪人协会（CIAB）、美国寿险业协会（ACLI）、财产与责任保险协会（PCI）、美国保险协会（AIA）、美国再保险协会（RAA）和美国健康保险协会（HIAA）等。

二、美国保险中介行业组织的负责事项

（一）独立保险代理人和经纪人协会

独立保险代理人和经纪人协会（IIABA）是一个以州联合协会和地方委员会形式成立的联合组织，于2002年由美国独立保险代理人协会更名而来。IIABA在美国各州及哥伦比亚均有分支机构，通过专职人员

影响消费者，监督保险代理人、保险经纪人和其他小企业问题，还可以向会员提供在线培训、网络课程等服务。

（二）美国保险代理人和经纪人协会

美国保险代理人和经纪人协会（CIAB）目前吸纳了全球200家世界领先的商业保险及员工福利保险经纪人，协会成员每年赔付85%的美国商业产险和意外险，管理数十亿美元的员工福利账户。CIAB凭借其在保险行业的广泛影响力，协同立法者、监管机构及利益相关者一起，在为消费者降低风险方面发挥着重大作用。

三、美国保险中介行业及从业人员信息档案管理

美国保险业由NAIC对全国各州保险业务进行统筹协调，执行政府管理与行业自律相结合的双重管理机制。[①] 协会设有保险规定信息系统，可以为各州提出指导建议并协助设计示范法规。各州保险监督官对保险中介人实施直接监管，负责登记中介人的执业资格，管理其日常经营行为，同时针对违规现象予以处罚。

第五节　美国保险中介领域创新发展

一、互联网科技在美国保险中介领域的应用

互联网对保险公司的最大优势是能够以电子方式进行通信和交易，

---

① 姚壬元．美国保险中介制度［J］．中国保险，2001（12）：58－60．

从而降低管理成本，并为更广泛的受众带来创新和低成本的服务。保险公司还将能够以电子方式向保险中介传达和提供营销材料，包括费率手册、承保指南、申请、公司程序和广告指南。

（一）消费者：便捷的保险购买流程

消费者通常根据他们自己寻找的信息或通过保险中介的营销工作获得的信息后，作出购买决定。通过使用互联网，消费者可以在保险销售交易之前获得信息，帮助分析适合其特定需求的各种类型和数量的保险以及相关的费用。

除了获得报价之外，消费者目前还能够从至少一家保险公司在线完成整个交易。另一家保险公司为消费者提供了在线完成申请的机会，然后将申请转发给位于消费者附近的保险中介以完成交易。使用互联网购买保险的消费者有能力每天 24 小时联系其保险中介或保险公司。根据互联网站点的功能和响应时间，通过消除获取策略信息和服务的延迟，这可能会大大增强消费者服务。

电子邮件和主页功能允许消费者与保险中介、保险公司就保险政策的变化进行沟通、报告和处理索赔。互联网不仅可以减少电话标签，还可以帮助提供消费者指令得到遵守的即时确认，并且当保存电子邮件时，提供保险中介硬拷贝公司指示的功能，而无须记下这些信息。

（二）监管机构：市场规范与高效监管

保险中介和保险公司访问 NAIC 保险中介数据库（PDB）将允许逐个州对保险中介的许可状态进行在线验证，以及访问保险中介人口统计、权限、事先采取的行政措施通过保险和全国证券交易商协会（NASD）监管机构和 NASD 考试成绩。在不久的将来，保险行业还将获得保险中介预约信息，并将通过保险中介信息网络（PIN）以电子方式指定和终止保险中介。这将提高行业更有效地遵守各州保险中介许可和任命要求的能力。

全国赔偿保险委员会（NCCI）目前通过其网站向行业各机构提供与工人赔偿相关的安全和教育材料以及有关其产品和服务的信息。对于监管机构来说，消费者可以通过访问互联网来帮助监管机构完成其消费者保护和消费者教育的任务。如保险部门能够适当利用互联网，那么其可以更具成本效益和一致性地传播消费者信息。

互联网通信的便捷性和速度意味着监管机构可以更频繁地监控保险中介和保险公司对监管要求的遵守情况。互联网为监管机构提供了一个积极监控保险中介和保险公司市场行为的额外机会。在大多数传统情况下，监管机构必须等待通过审计和收到个人消费者投诉来了解市场行为问题。在互联网的方式下，可以使监管机构采取更积极主动的方式进行此类审计工作。

（三）保险业：高效营销与客户服务

保险公司和保险中介已经通过建立网站来利用互联网的商业潜力。互联网信息有着随时可用、准确介绍保险公司的各种产品和服务，并为消费者提供便捷的联系方式以便跟进等优点。因此，与传统的硬拷贝邮件和电话请求相比，电子通信的相对低成本可以使应用互联网的保险中介和保险公司节省成本。

互联网不仅使公司通过新的通信渠道为现有市场提供服务，还可以促进保险公司和保险中介扩展到以前尚未开发的市场。互联网上更容易实现亲和营销的可能性，允许保险中介或保险公司以追求相关利益的方式发布信息，如农民的农作物保险信息和艺术品收藏者的艺术报道。

保险公司和保险中介正在利用互联网更好地提高消费者的保险意识，使其了解不同类型的保险和各类保险的好处。保险公司还可以通过提供在线索赔协助、投诉处理和回答消费者的一般询问，利用互联网为现有保单持有人提供服务。同时，互联网也为保险公司提供了扩大与保险中介沟通的机会。

二、保险科技应用在美国保险中介领域的监管要求

（一）互联网对监管边界的影响

目前，美国的保险监管是基于各州地理边界的，但互联网本质上不承认地理边界，即它是无边界的。为了使保险业充分利用互联网的潜力，需要对保险监管机构对现行监管体系进行一些调整，以使保险公司和消费者能够收获互联网的全部潜力和好处。值得注意的是，要使这些调整取得成功，必须来自保险公司、保险中介、监管机构和立法者。互联网还为监管机构提供了在实时环境中更容易监控远程位置的欺诈活动的机会。保险监管机构需要精通互联网技术，并将其作为协调执法工作和监控可疑销售活动的工具，而不需要考虑地理边界。

（二）现行法规的适用性

互联网保险交易是否应该由各州根据《麦卡伦——弗格森法案》进行监管，或者在何种程度上由联邦政府根据商业条款监管的商业电子交易进行监管，保险监管机构认为，无论这些交易发生的媒介如何，保险业务都由各州监管。事实上，许多州保险监管机构认为互联网只是一种新的通信媒介，不像电视、传真机或电子邮件，因此他们认为没有必要根据互联网大幅改变其结构。但由于各州的规定不同，互联网保险的销售并不是以统一的方式进行的。尽管如此，保险公司、保险中介、监管机构和立法者仍有相似的担忧，如对于电子传输保险申请、政策和相关表格是否与纸质表格的法律等效问题，尚未达成完全的法律共识。

（三）交易安全性与合规性

计算机生成的在线应用程序给保险公司和消费者带来了许多挑战。除其他事项外，验证申请人身份和记录申请人购买保险产品意图的可接受方法对交易至关重要。虽然许多州正在通过立法使电子签名合法化，

但问题是电子申请和政策上的电子签名在法律上是否足以在其他州形成可执行的保险合同。

目前，电子签名技术有两种主要形式：数字签名和手写签名。通常数字签名提供至少两个安全级别：完整性，即验证签名是在未改变的状态下传输的；真实性，即验证签名是真实的和正确的。电子文档的完整性受到这些保护措施的保护。数字签名基于公钥加密，其中签名者使用私钥将数据转换为难以理解的形式，然后接收者使用公钥来解密和验证数据。数字签名可保护在线交易的安全性和隐私性。手写签名提供类似的安全措施。

（四）市场参与者权益保护

国家保险犯罪局（NICB）、康宁公司研究委员会和独立咨询公司估计每个家庭的保险欺诈成本在800—1200美元。互联网为消费者提供了进入未经国家保险监管机构许可或监管的实体的可能性。互联网的广阔空间使得监管部门难以对未经许可的活动进行监管监控并且难以调查消费者投诉。一些州监管机构目前没有足够的互联网接入这一事实使问题更加复杂化。

保险业和保险监管机构担心目前存在不充分的监管保护措施，以防止在互联网上进行欺诈性保险营销和销售。例如，未经许可的个人可以创建一个网站，完成收取保费的销售后再终止他的网站。在这种情况下，监管机构因欺诈行为起诉的能力可能会受到追查行为人的困难和获得足够证据表明违反州法律的行为的阻碍。除非与保险公司和许可的保险中介有特定的联系，否则，保护消费者获得保险的利益可能变得非常困难。

总　结

美国拥有世界上最大的保险市场，其保险业发展历史也较为悠久。美国保险中介市场包括保险代理人、保险经纪人和保险理算人，分别在不同领域发挥各自的作用，其中以保险代理人为主。

美国在保险中介机构监管模式方面，采用政府监管和行业自律相结合的方式。各州保险局作为监管主体对当地商业保险公司的日常行为进行直接监管；NAIC 负责全国各州的统筹协调，制定《全国商业保险监管模型法案》并对各州立法开展评估；美国代理人协会、注册代理人和经纪人协会、寿险业务员协会等众多保险中介行业协会通过制定行业自律守则对保险中介人进行管理。同时，美国也有《纽约州保险法》《保险中介人示范法》《授权代理人法》等一系列法律法规对保险中介市场进行制度规范。

《中国保险科技发展白皮书 2019》显示，全球保险科技发展迅猛，产业规模快速增长，美洲是未来保险科技创新的核心区域之一，美国保险中介市场的业务开拓与监管模式将在经济增长与科技创新中同步发展。

亚太篇

亚太地区拥有世界近1/3的人口，各个国家和地区的居民家庭收入不断增长，预计到2023年亚太地区家庭财富将赶超美洲。但是，相比于高水平的经济增长，亚太地区，尤其是该地区发展中国家的保险市场消费者投保率相对较低，如印度、印度尼西亚、马来西亚的保险渗透率不足5%，远低于新加坡和韩国。

近年来，随着保险需求的快速增加，亚太地区正处于保险市场快速发展、监管制度趋于成熟的阶段，是未来全球保险业的关键所在。与此同时，监管改革也正在逐步打开市场，印度在2015年推行监管改革，将国内保险公司的外资持股比例上限提高到49%。此外，在澳大利亚等其他国家和地区，其保险监管机构也不断提出新的监管政策，以便顺应市场创新和发展的节奏。

在亚太篇中，日本保险中介有着严格的立法监管，建立了资格确立、登记注册、行为规范等一套完善的法律法规，由日本金融厅对保险中介进行全面监管。与此同时，日本重视保险中介自律组织的管理作用，建立了保险中介人信息档案库，可供社会公众查询监督。日本对保险行业的监管模式以行政立法监管和行业自律相结合，属于亚太地区的典型模式。

本书选取亚太地区（除中国外）保险中介市场相对成熟的三个国家展开研究，分别是日本、新加坡和澳大利亚。

第五章　日本保险中介市场监管研究

第一节　日本保险中介的组织类型及发展情况

一、日本保险中介的定义范畴

在日本，保险中介一般是指保险经营机构与投保人之间或在保险经营机构之间，从事保险业务销售、风险管理咨询、损失鉴定与理算等中介服务活动，并收取佣金的单位或个人。日本保险中介市场以保险代理人为主体、以保险经纪人和保险公估人为补充。

（一）保险代理人

日本保险代理人由营销人制度发展而来，日本《保险业法》将保险代理人分为寿险营销人和产险代理人两类。寿险营销人是接受委托代理寿险公司订立寿险合同而进行中介活动的从业人员；产险代理人是接受委托代理财产险公司订立财产险合同而进行中介活动的从业人员。

（二）保险经纪人

日本保险经纪人是指除寿险营销人和产险代理人以外，从事保险合同订立中介服务的个人或单位，接受申请人的委托并收取保险费，不由保险公司授权订立保险合同。日本《保险业法》对保险经纪人的资质管理有着严格的规章制度。

（三）保险公估人

保险公估人作为日本保险中介补充体系中的另一主体，其资格的认定主要由日本产险协会负责，需要通过产险协会的资格考试并在该协会进行注册。主要职责是价值评估和估损，专门从事建筑物或动产的保险价值计算、损失额的鉴定、事故原因及事故状况调查等业务。

二、日本保险销售的中介渠道

财产险销售渠道主要为保险代理人、保险公司直营渠道、保险经纪公司这三条销售渠道。产险代理人又可以分为与一家保险公司签订委托代理关系的专属代理人和/或与多家保险公司签订代理协议的共同代理人。在所有财产险的成约中，接近90%是由保险代理人签约而成，是财产险产品最大的销售渠道。

寿险销售渠道则相对多样化，日本寿险产品的销售渠道主要以保险营销员渠道为主，保险代理人、百货公司专柜、银保渠道、网络销售的多渠道拓展，但营销员渠道占据绝对的统治地位。随着消费水平的提高及社会服务要求的增高，寿险公司的营销策略也发生了演变，逐渐由人海战术转向高质量的专业营销。

三、日本保险中介市场发展现状

日本保险中介市场采取以保险代理人为主的模式，因此保险代理人机制仍为中介市场主体。截至2020年末，日本寿险营销人数量达204.05万人，占全国人口的1.7%；产险代理人数量达16.5万家，保费收入占财产险总保费收入的91%。

1996 年《保险业法》的修改后，保险经纪人才被引进日本保险中介市场。根据日本保险经纪人协会统计的会员名单，目前该协会拥有 51 家会员公司。根据日本保险经纪人协会于 2012 年编制的资料显示：截至 2012 年 3 月，拥有保险经纪资格证书的人员数为 1064 人。

保险公估人专门从事建筑物或动产的保险价值计算、损失额的鉴定、事故原因及事故状况调查等业务，一般不参与保险产品的销售，受聘为保险公司的顾问。随着市场的发展，保险公估行业也在不断进步，整个保险市场有 40 家左右的公估机构存在，同时存在大量的个人公估人。相较于中国来说，公估人市场较为成熟。

总体来说，日本的保险销售渠道以保险代理人为主，2014—2020 年日本产险代理人分类及数量变化见表 5－1。

表 5－1　　2014—2020 年日本产险代理人数量　　单位：人

时间	数量	专业/兼业		法人/个人		专属/非专属	
		专业	兼业	法人	个人	专属	非专属
2014 年	204990	38691	166299	109844	95146	155658	49332
		18.9%	81.1%	53.6%	46.4%	75.9%	24.2%
2015 年	202148	38407	163741	108997	93151	153236	48912
		19%	81%	53.9%	46.1%	75.8%	24.2%
2016 年	196403	36778	159265	107104	88939	148789	47254
		18.8%	81.2%	54.6%	45.4%	75.9%	24.1%
2017 年	186733	35283	151450	105215	81518	412969	43764
		18.9%	81.1%	56.3%	43.7%	76.6%	23.4%
2018 年	180319	33741	146578	102466	77853	139179	41140
		18.7%	81.3%	56.8%	43.2%	77.2%	22.8%
2019 年	172191	31748	140443	98915	73276	131922	40269
		18.4%	81.6%	57.4%	42.6%	76.6%	23.4%
2020 年	165185	30409	134776	95383	69802	127486	37699
		18.4%	81.6%	57.7%	42.3%	77.2%	22.8%

在进行市场销售时，依据不同的险种产品采取了不同的销售方式，代理人的模式对于财产险销售显得尤为重要，占财产险超过90%的市场销售份额。寿险产品的销售则依赖寿险营销员，虽便于管理，但成本较高。在保证市场业务稳定的前提下，为了寻求更优销售渠道，日本保险公司也在进一步对销售渠道进行完善与探索。

第二节　日本保险中介监管体系及法律法规

一、日本保险中介监管体系介绍

日本对保险中介机构有严格的行政立法，并制定了一系列有关资格确立、登记注册、行为规范等的法律法规。1998年6月，日本颁布《金融监督厅设立法》，成立金融监督厅（以下简称“金融厅”），负责对从事金融业务的民间企业进行审查监管。在日本，保险业、银行业和证券业统一由金融厅负责监管，这种混业监管制度加强了保险业和其他金融监管机构之间的联系，有利于监管合作和信息交流。

除立法监管外，日本的行业自律组织也对保险中介机构进行监管，通过制定一系列行业自律规定，对保险中介人的从业资格、佣金分配和日常行为进行监管。同时，建立了保险中介人信息档案库，全面记录保险中介人的活动，让公众可以查阅注册保险中介人的详细资料。

二、日本保险中介监管机构和职能

日本保险中介监管工作主要由日本金融厅负责。金融厅设有四个部门：审判官负责行政处罚和审判；总务企划局负责制定总体规划和制度；检查局负责对地方保险中介机构进行检查；监督局负责对地方保险中介机构进行监管。金融厅的职责包括：规划金融制度，对银行、保险、交易所等从业人员进行监督审查、设置金融市场交易规则、制定企业会计标准等。

三、日本保险中介监管法律法规

日本保险监管机构对保险中介的约束主要体现在1996年新《保险业法》及其实施细则中。通过《保险业法施行令》《保险业法施行规则》《保险公司监管综合指引》和《保险公司检查手册》等《保险业法》框架下的相关法规和附属法例，逐步建立起了一个多层次、较为完善的保险中介监管制度和体系。

（一）保险业法

在《保险业法》第三篇“保险募集”中对保险中介相关问题作出了法律规定，此篇共包括五章，分别为“通则”“保险代理人及附属保险公司”“保险经纪人”“业务”以及“监督”。

第一章“通则”部分对保险募集进行了限制和规定。

第二章“保险代理人及附属保险公司”部分中，第一节“保险代理人”包括第276—282条条款，对保险代理人的登记、注册申请、注册过程、注册拒绝、变更通知、注册和执照的税费、寿险代理人行为限制等作出了规定；第二节“附属保险公司”包括第283—285条条款，对附属保险公司的法律责任、通过附属保险公司注册申请代理人、指定保险代理人登记处等作出了规定。

第三章“保险经纪人”部分包括第286—293条条款，涵盖了登记、注册申请、注册过程、注册拒绝、变更通知、保证金、保险经纪人责任保险合同、商法典的比照适用等相关内容。

第四章“业务”部分包括第294—301—2条条款，涵盖了提供的信息、确定客户的意图、经营管理办法、禁止签订合同、保险经纪人的信息披露、合同记载事项、保险经纪人的诚信义务、与订立保险合同有关的禁止行为、比照适用金融工具和外汇法等相关内容。

（二）保险业法施行规则

《保险业法施行规则》的第四篇“保险募集”中有关对保险中介的法律规定，集中在第二章“保险代理人”和第三章“保险经纪人”。在“保险代理人”章节中，对注册申请、书面申请登记事项、注册申请书附件、变更通知、使用电子数据处理系统办理注册申请的付款方式、指定保险代理人的免税登记范围等作出了法律说明；在“保险经纪人”章节中，对注册申请、注册申请书附件、须在指定保险代理人登记处登记的事项、变更通知、保证金的寄存、追加保证金期限的计算日、可用于保证金的有价证券的种类等作出了法律说明。

（三）保险公司监管综合指引

《保险公司监管综合指引》第五篇“保险经纪人关系”分为七章，第一章对登记事务作出了规定；第二章对保证金作出了规定；第三章对保险经纪人赔偿责任作出了规定；第四章对与其他的募集人的关系作出了规定；第五章对业务关系作出了规定；在第六章和第七章分别介绍了工作报告和对应保险经纪人的申请书等相关内容。

（四）保险业法实施令

《保险业法实施令》对保险中介作出的规定集中在第三章“保险募集”中。第三章第 40 条针对寿险营销人不受限制的情况作出了规定；第 44 条对代替部分保证金的保险代理人赔偿责任保险合同的内容作出规定；第 44—3 条对利用信息和通信技术提供信息作出了规定。

（五）保险公司检查手册

《保险公司检查手册》在第三章“保险销售管理”和第四章“客户保护管理”对保险中介机构行为的检查作出了规定。在“管理人员制定和建立保险销售管理制度”章节中，对保险销售管理规定作出了说明；在“具体问题”章节中，对不同类型的保险销售共同存在的问题作出说明，并指出检查保险经纪人注意的事项。

四、日本保险中介违规处罚案例

日本监管机构对保险中介公司的监管依据主要是《保险业法》，自2018年以来，根据该法处罚的相关案例见表5－2。

表5－2　　2018—2020年日本保险中介公司违规处罚案例

年度	公司名	处罚类型	处罚内容	主要处罚原因
2020	LifeAid小额短期保险股份公司	暂停业务命令	暂停业务	违反法律、经营管理体制不完善
		业务整改命令	从根本上改善经营管理体制	违反法律、经营管理体制不完善
2019	日本邮政集团	业务整改命令	确保正确的业务运营方式和保护投保人的合法权益	有关简保问题的公司治理功能不完善
	Japan Post Insurance（日本邮政集团旗下公司）	暂停业务命令	暂停业务（《保险业法》第132条第1款）	违反法律、不当保险展业、体制方面存在问题
		业务整改命令	确保正确的业务运营方式和保护投保人的合法权益	违反法律、不当保险展业、体制方面存在问题
	日本邮便（日本邮政集团旗下公司）	暂停业务命令	暂停业务（《保险业法》第307条第1款）	违反法律、不当保险展业、体制方面存在问题
		业务整改命令	确保正确的业务运营方式和保护投保人的合法权益	违反法律、不当保险展业、体制方面存在问题
2019	A－1小额短期保险股份公司	业务整改命令	从根本上整改、改善、强化经营管理体制	经营管理体制和法律等遵守体制不完善

续表

年度	公司名	处罚类型	处罚内容	主要处罚原因
2019	P's - frst 小额短期保险股份公司	暂停业务命令	暂停业务	违反法律、经营管理体制不完善
		业务整改命令	从根本上整改经营管理体制	违反法律、经营管理体制不完善
2018	The New India Assurance Co. LTD	业务整改命令	从根本上重新整改经营管理和业务运营体制	保险金支付管理体制和经营管理体制不完善

第三节 日本保险中介的准入政策及市场行为监管

一、日本保险中介机构市场准入及退出规则

（一）保险代理人

在日本申请设立保险代理人，需要先与保险公司签订代理合同，再向当地财务局注册登记，同时相关的保险销售人员也需要在当地财务局注册登记。具体设立流程包括：（1）选择保险公司的保险商品。（2）接受保险公司举办的代理人研修课程。（3）通过保险公司指定的代理人考试。（4）签订保险代理合同。（5）到财务局登记。（6）财务局进行审查和记录。（7）开始销售保险商品。

金融厅在“针对保险公司的综合性监督方针”相关规定中对保险代理人的市场退出作出规定：（1）特定保险从业人员有《保险业法》第280条第一款的第一项至第六项情形之一的，应向相关部门提出停业申请。（2）代为申请公司作为特定保险展业人的代理人，报备《保险业法》第280条第一款第一项至第六项所规定的终止业务申请之际，需要制作代理申请书，并提交给相关特定保险展业登录所在主管财务局。

(3) 当接到休业申请，依据《保险业法》第308条第一款第二项规定：相关特定保险人的登录信息将会被注销。(4)《保险业法》第308条第二款所指通知所属保险公司的工作，需要等受理终止业务申请，确认内容之后，由代理申请公司来完成。此时，需要在代理申请书的附件上盖上已收印章，以表示完成了通知任务。

（二）保险经纪人

日本保险经纪申请人须直接向日本金融厅申请登记，且须经过由日本生命保险协会和损害保险协会分别组织的资格考试。《保险业法》第291条规定：保险经纪人须缴纳保证金（根据最新实施法令，须缴纳的保证金最低为2000万日元）。保证金可以为现金或有价证券，或可以由银行提供保函或保险公司提供保证保函来代替。保险经纪人可以通过投保职业赔偿责任保险，经内阁总理大臣（实际为管辖财务局长的承认）批准后，可抵消一部分保证金（但可抵消的部分为应当缴纳的保证金扣除2000万日元后的金额）。

保险经纪人的市场退出相关管理依据《保险业法》第279条和第290条，当登录申请人有下列情形之一，或登录申请书及所追加资料内的重要事项中存在虚假内容，或遗漏重要事项，内阁总理大臣需要拒绝其登录申请：(1) 尚未恢复权利的破产人员或包括依据国外法令处于相同状况的人。(2) 被处于刑事拘留以上的处罚，该处罚已经结束或不再受该处罚之日起未满3年。(3) 违反《保险业法》或违反与此法同等效力的国外法律，被予以处罚，或不再受该处罚之日起未满3年。(4) 成年被监护人及被保险人。(5) 申请日前3年内有保险从业相关严重不当行为的人。(6) 保险经纪人或其管理层或从事保险业务的雇员。(7) 在营业方面尚无与成年人相同的行为能力的未成年人，并且其法定代理人为上述几款或其他法律规定情形之一的。(8) 法人保险经纪人的部分管理层为上述第一项至第六项中任意一款情形的人。(9) 在从事保险业务的部分雇员为上述第七项情形的个人。(10) 法人代理人的部分管理层或从事保险业务的雇员为上述第七项情形的个人。

二、日本保险中介机构高管任职资格

日本保险中介机构高管需满足以下几点任职要求：大学本科以上学历，具有行业经验及 5 年以上管理经验；品行良好，诚实守信；熟悉当地的保险代理市场并具有一定的行业资源；熟悉保险法律、金融厅有关政策以及当地行政法规等。

三、日本保险中介机构的日常监管

（一）行为监管

《保险业法》规定：保险经纪人在签署合同或进行展业时，应从投保人利益出发，对一些违法行为给予明确禁止，其中包括：

（1）不如实告知的行为：对投保人或被保险人进行虚假说明，或不就保险合同条款的重要事项进行说明。

（2）诱导客户违反告知义务的行为：如建议投保人或被保险人向保险公司就重要事项进行虚假说明；妨碍投保人或被保险人向保险公司就重要事实进行说明或建议隐瞒重要事实。

（3）更换合同的行为：对投保人或被保险人隐瞒不利事实，使已经生效的保险合同失效让其投保新的保险，或让其投保新的保险使已经生效的保险合同失效。

（4）提供特别利益的行为：对投保人或被保险人约定或者向他们提供保费折扣、回扣或者其他特别利益的行为。

（5）保险合同内容的错误比较：向投保人、被保人或不特定的对象，就某一保险合同的合同内容与其他保险合同的合同内容进行比较时，作出可能引起误解的说明或表示。

（6）给投保人预测分红或收益保证：向投保人、被保人或不特定人员，就总理府令、金融厅令规定的不确定的未来保护分红，或作出可能引起确定性误解的说明或表示[①]。

（二）业务监管

为体现保险经纪人、保险代理人及保险公司协调发展的立法理念，《保险业法》在保险经纪人业务范围方面明确禁止以下行为：

（1）委托其他代理人或经纪人办理保险业务，且禁止保险经纪人给予任何代理人或其他经纪人佣金。

（2）委托保险公司办理保险业务。

（3）同代理人分担保险合同。

（4）委托保险公司实施经纪人的保险方案。

（5）与代理人或保险公司就保险业务使用共同的营业场所，而且禁止保险经纪人与代理人拥有共同的客户信息。

（6）接受保险公司的资本投资。

（7）与保险公司进行人员互换或暂时调换。

四、日本保险公司对中介机构及人员的管控责任

日本《保险业法》明确规定了保险公司对保险中介人的管控职责，主要涉及以下几个方面：

（1）保险公司委托代理人进行保险销售等业务，并给予一定的权限，一般是合同签订和保险费收取的代理权。

（2）须遵守的义务：①除了遵守代理人委托书外，还应遵守保险法及其相关法律；②进行保险法规定的代理人的登记、呈报；③自行进

① 刘华．论日本保险经济人监管法律制度及其经验借鉴［J］．中国保险管理干部学院学报，2001（04）：53－55．

行保险产品的销售及其他相关服务工作。

（3）事务的处理方法：①保险费的领收；②合同的报告；③保险费的保管及结算等。

（4）保险事故的应对：事故的通知；保险金申请手续的援助等。

（5）报酬。

（6）代理人合同的期限及解除权。

（7）损害赔偿、保证人①。

第四节　日本保险中介行业组织的地位及作用

一、日本保险中介行业组织概述

日本的保险行业协会较多，按不同的业务种类各司其职，日本保险中介行业协会亦如此。各类保险中介行业协会的宗旨，首先是代表行业的观点和利益，与政府、消费者、保险公司等各方进行交流沟通，同时协助金融厅的监管，在资格准入、等级划分、信息共享等推进行业自律方面发挥作用。

负责保险代理人事项的协会是日本产险协会、日本产险代理业协会和全国保险代理人协会合作社，其中，日本产险协会主要负责保险代理人的教育和考试，日本产险代理业协会和全国保险代理人协会合作社专门负责代理人和会员之间的事务。

负责保险经纪人事项的协会是日本产险协会、日本寿险协会和日本

① 何冬梅．日本保险代理业现状及其发展趋势［J］．经济研究导刊，2012（19）：68－70＋124.

经纪人协会，其中，日本产险协会和日本寿险协会分别负责财产险和寿险经纪人的资格考试，日本经纪人协会则专门负责经纪人事务。

负责保险公估人事项的协会是日本产险协会和日本产险评估师协会，其中，日本产险协会通过实施专门的考试，对保险公估人进行资格认证，日本产险评估师协会专门负责公估人事务。

二、日本保险中介行业组织的负责事项

（一）日本产险代理业协会

日本产险代理业协会设立于 1948 年，会员为产险代理机构。该协会主要负责以下事项：（1）产险代理人和产险营销人员的教育培训计划。（2）对产险代理人的机构和运作进行调查研究，并向相关组织提出建议。（3）促进财产险的启蒙和传播，推广防灾活动。（4）志愿者活动，保护全球环境，为当地社区作出贡献。（5）发布通信信息，方便与员工和会员进行沟通。（6）有关产险机构的公关活动。（7）支持产险代理人的业务。

（二）全国保险代理人协会合作社

日本全国保险代理人协会合作社成立于 1998 年，是日本中小型保险代理业协会的联合体。该协会主要负责以下事项：（1）提供有助于改善其成员社会和经济地位的教育和信息。（2）向协会会员提供业务，并协调协会成员之间的合作。（3）成为和解的桥梁，促进协会成员和附属伙伴之间的友谊。

（三）日本经纪人协会

日本经纪人协会是设立于 1997 年的行业自律组织，其宗旨是维护保险经纪人共同利益，推进保险经纪人的共同发展和提高服务水平，维持保险经纪业务公平健全发展。该协会主要负责以下事项：（1）指导

和传播教育活动，如遵守法律和公平的企业管理。（2）保险中介系统的调查研究、教育和培训。（3）试验和判断保险中介机构登记能力。（4）发行关于保险中介机构的机构期刊和学术书籍。（5）成员和相关组织活动的信息交流、咨询与合作。（6）与前述事项有关的任何其他活动。

三、日本保险中介行业及从业人员信息档案管理

保险经纪人需要将登陆申请书提交给内阁总理大臣（实际提交给所管辖区域的财务局长），将有关信息登录在保险中介登录簿上。保险经纪人在登录相关信息时，需要确保从事保险展业活动的管理层及员工通过保险展业活动资格考试。

（一）保险经纪人的信息登录

（1）根据《保险业法》第286条规定：无论是个人还是法人，如想成为保险经纪人，都需要向内阁总理大臣备案登录（实际提交给所管辖区域的财务局长）。

（2）根据《保险业法》第287条、《保险业法施行规则》第218条以及金融厅监督指南，作为保险经纪人进行备案登录时，需要向内阁总理大臣提交记载信息的登录申请书（由内阁府令规定的资料），包含以下内容：

①商号、名称或姓名以及住址；

②从事保险展业活动的所有事务所的名称和所在地；

③可销售的保险种类有：财险公司为保险人的保险合同（财产保险合同）、寿险公司为保险人的保险合同（人寿保险合同）、小额短期保险公司为保险人的保险合同（小额短期保险合同）；

④目前正在经营的其他业务的种类；

⑤登录申请人为法人（包括非法人社团和财团，下同）时，需要

提供该法人的法人代表或管理人员的姓名、出生日期、性别，如果不从事保险展业活动，还需另行标注。另外，依据国外法令成立的法人（外资法人），需要追加提供以下信息：在日本的商号或名称以及主要的事务所所在地、在日本的代表。

（3）根据《保险业法》第 320 条第 2 款规定：如果提交虚假资料，将最高处罚 30 万日元。

（二）否决保险经纪人登录申请的情形

根据《保险业法》289 条规定：登录申请人有如下情形或所提交的登录申请书或追加资料内的重要事项中，如存在虚假内容或没有记载重要事实，申请人将被视为无资格成为保险经纪人，其申请将被否决。

（1）破产者并且尚未恢复权利（包括依据国外法令处于相同状况的人）。

（2）被处于刑事拘留以上的处罚（包括依据国外法律被处于同等水平的处罚），该处罚已经结束或不再受该处罚之日起未满 3 年。

（3）违反《保险业法》或违反与此法同等效力的国外法律，被予以处罚（包括依据国外法律被处于同等水平的处罚），或不再受该处罚之日起未满 3 年。

（4）内阁总理大臣允许登录后，依据《保险业法》第 307 条规定：第 286 条的登录被取消，并取消之日起未满 3 年（包括相应登录被取消的对象为法人的时候，该取消之日前 30 日内为该法人的管理层，其登录被取消之日起未满 3 年的人）或依据国外同等效力的法律法规，在该国同类登录（包括同类登录的许可及其他行政处罚）被取消，从该取消之日起未满 3 年的人（包括被取消该登录的对象为法人的时候，该取消之日前 30 日内为该法人的领导，其登录被取消之日起未满 3 年的人）。

（5）成年被监护人及被保险人（依据国外法律有着同等身份的人）。

（6）申请日前3年内有保险展业相关严重不当行为的人。

（三）保险经纪人登录申请手续

1. 登录税

保险经纪人每申请一件登录，需要缴纳9万日元的登录税。

2. 申请提交机构

申请登录或变更登录信息之际，需要向准备提交登录申请书以及追加资料或登录信息变更备案书的保险经纪人的主要事务所所在地的主管财务局长、福冈财务局长或冲绳综合事务局局长提交。因此，尚未在日本设立营业据点的非居住者（在日本没有住所或居所的人），无法进行登录。

发生以下事宜时，需要变更已登录信息，由相关保险经纪人向内阁总理大臣提交备案申请（实际是提交给管辖区域的财务局长）。依据《保险业法》第290条规定：当发生下面（2）—（6）事宜之际，登录就会失去效力。

（1）登录事项发生了变化。

（2）停止保险展业活动（提出备案申请的人应为保险经纪人的个人或者保险经纪人为法人之际可代表该法人的管理层）。

（3）保险中介人的死亡（提出备案申请的人应为其继承人）。

（4）决定开始申请破产（提出备案申请的人应为该破产财产的财产管理人）。

（5）因合并而消灭（提出备案申请的人应为代表该法人的管理层）。

（6）由于合并或破产申请以外的理由解散（提出备案申请的人应为其清算人）。

3. 依据《保险业法》第288条规定：内阁总理大臣需要公开保险经纪人登录簿，供公众查阅

保险中介行业从业人员的信息，基本是根据《保险业法》的规定

进行管理（见图5－1）。保险代理行业的从业人员均为与保险代理公司签约或个人进行代理展业。而保险代理人以及个人代理人都需要与保险公司签订代理合同，这些代理行业的从业人员的信息，均由与其签订合同的保险公司依据《保险业法》进行管理。

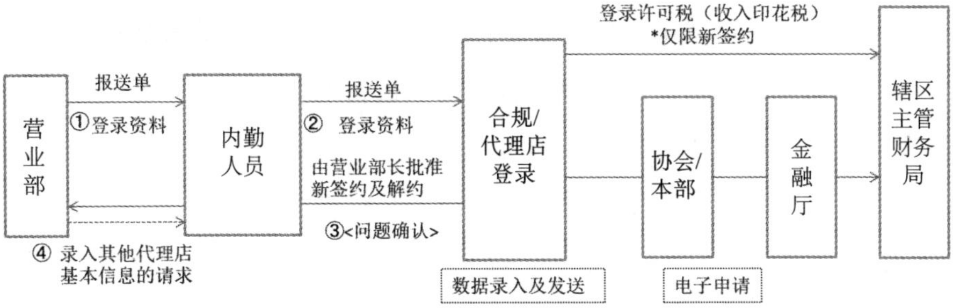

图5－1　日本保险代理人登记处理流程[①]

第五节　日本保险中介领域创新发展

一、互联网科技在日本保险中介领域的应用

保险业的专业性、非标性、服务性和低频次四大特点决定了其对保险中介市场的依赖。传统保险行业有许多痛点，如产品同质化严重、销售渠道成本高、索赔流程烦琐等。这些问题的存在给保险中介行业提供了巨大的科技创新空间。利用大数据、人工智能等互联网技术，保险中

① 说明：① 营业部门使用登录相关申请软件生成“报送单”，将该资料提交给内勤人员；② 内勤人员检查资料是否存在记录漏洞、必要资料是否齐全，将检查结果和“报送单”提交给合规/代理店登录组；③ 相关资料如有问题，原则上会向内勤人员确认（事情比较紧急时会直接向营业部确认）；④ 代理店管理和营推项目的代理店基本信息录入由内勤人员完成。

介机构可以搭建数字化信息平台，更好地对潜在市场和目标客户进行数据挖掘、整合及结构化处理。

日本保险中介机构联合财产险公司和信息技术公司开发了保险代理系统 Implus Wedge，该系统汇总了保险代理人和保险公司的业务知识，支持从寿险销售到行政管理和业务管理的各种保险代理业务。该系统的特色主要有：通过匹配保险代理人事务的功能可以提高业务质量和生产力；以合同为基础对每个家庭的客户信息进行综合管理，进而提供并优化客户服务；从销售计划到销售业绩的高度管理；强大的信息安全性，包括高级访问权；实现了保险代理商业务特征的维护支持。

根据日本经济新闻的报道，Sompo Japan Insurance 和 LINE Financial 已经在智能手机应用程序上推出“LINE 保险”，目标是推出以智能手机为基础的创新型非寿险类的保险服务。消费者可随时输入信息购买保险，价格可从 100 日元起，从以最快当天加入的赏花、夏日祭典、台风、志愿者活动和户外集会等短期保险，到自行车保险、律师咨询费用保险等 1 年期保险，共有 59 种多样化的保险商品，以其创新、智能和便捷提升客户体验。

二、保险科技应用在日本保险中介领域的监管要求

日本先后出台了《保险业法》《个人信息保护法》《电子签名法》《日本电商与信息交易准则》《网络安全基本法》等一系列涉及互联网保险的法律法规，为互联网保险市场提供了较完善的监管体系，同时也为保险中介监管奠定了技术基础和法律保障，随着互联网技术进步和时代发展，不断对原有法律进行修订。

《个人信息保护法》作为个人信息保护关联五大法案之一，其设立的目的是在考虑个人信息有用性的同时，保护个人的权利和利益。法律规定了处理个人信息的实体应遵守的义务，例如，使用目的的说

明，适当的获取，获取时使用目的的告知，安全控制措施，第三方供应商的监督，限制对第三方的规定，披露、更正、停止使用个人信息等。各个保险中介协会对个人信息的规定虽有所差异，但总体规定具有一致性。

《电子签名法》及认证相关法律于2001年付诸实施，该法涉及电子签名的立法原则、宗旨、电子签名的种类与效力、认证机关的职能及其认定条件、承认外国认证机关颁发的电子证明书的效力问题，指定调查机构的标准，以及对电子签名犯罪的惩罚等，旨在规范日本电子商务活动并提供法律依据，确保信息的真实性和可靠性①。

① 杜玉琴．论在线交易消费者权益的保护［D］．暨南大学，2008．

第六章　新加坡保险中介市场监管研究

第一节　新加坡保险中介的组织类型及发展情况

一、新加坡保险中介的定义范畴

根据新加坡《保险法》，保险中介是指作为一个或多个保险公司的代理人，或作为被保险人、投保人的代理人，在新加坡安排保险合同的人。新加坡保险中介包括保险代理人和保险经纪人。

（一）保险代理人

一般而言，保险代理人是指作为一个或多个保险人的代理人，目前或已经在新加坡经营保险业务[①]的人，包括依法在新加坡经营保险业务的境外保险人的代理人。保险公司按照其代理协议中的规定，以佣金的形式向代理人支付报酬，通常以所售出保单保费的百分比形式支付，其中可能包括利润分享佣金，具体取决于业务量和盈利能力。

保险代理人[②]包括个人代理人、公司代理人、特定行业代理人以及

---

① 保险业务包括：①在新加坡接收投保单或签发保单；②在新加坡收取保费；③在新加坡安排保险合约。

② 《普通保险代理人登记条例》。

指定代理人。

保险代理人还可以分为信用代理人和现金代理人。信用代理人必须与委托人就信用期限达成一致，并在其代理协议中载明。现金代理人是指与其委托人没有信用条件的代理人。

公司代理人，一般称为代理商，即独资企业、合伙企业、有限责任合伙企业和在新加坡会计和企业管理局（ACRA）注册的公司、在社团注册处注册的社团，以及在合作社注册处注册的合作社。

特定行业代理人从事的核心业务不是保险业务，在其从事核心业务活动的过程中，他们通常附带销售一种保险产品，特定行业代理人属于兼业代理人。

指定代理人是代表保险代理人从事保险代理业务的代理人，即保险代理人的代理人，根据 MAS 第 211 号文件必须在代理商注册委员会（ARB）注册。

（二）保险经纪人

一般而言，保险经纪人是指基于客户的利益，代表客户与保险公司协商并安排保险业务①，或向其提供保险建议的人。新加坡保险代理人和保险经纪人的主要区别见表 6－1。

新加坡的保险经纪人可分为直接保险经纪人、普通再保险经纪人以及寿险再保险经纪人，申请人可登记为其中一种或多种。直接保险经纪人主要从事除再保险业务之外的普通保险经纪业务；普通再保险经纪人主要从事与非寿险业务相关的再保险经纪业务；寿险再保险经纪人主要从事与寿险业务相关的再保险经纪业务。《保险法》并不适用于寿险经纪人，寿险经纪人被《金融顾问法》纳入监管范围。《金融顾问法》规定：持牌金融顾问可以向 MAS 申请在其牌照的业务范围上增加人寿

① 保险业务包括：①在新加坡接收投保单或签发保单；②收取保费；③在新加坡安排保险合同，作为被保险人或代理人从事与非寿险业务和长期意外及健康保险有关的保单，或与人寿保险/非寿险保单责任相关的再保险。

保险产品，并就该等投资产品提供金融咨询服务。而持牌金融顾问是豁免保险经纪人的一个分类。也就是说，只有此类特定的豁免保险经纪人能够申请开展寿险咨询业务，但是没有单独从事寿险业务的经纪人。

表6-1　　　　保险代理人和保险经纪人的主要区别

类型	保险代理人	保险经纪人
注册/许可制度	在新加坡普通保险协会（GIA）的代理人注册委员会（ARB）注册，也适用于任何指定代理人	根据《保险法》第142章由新加坡金管局（MAS）管理
代表	最多3名委托人，通常代表保险人	任何数量的保险公司，通常代表被保险人
协议	根据《保险法》与保险人订立代理协议	被保险人的委任书
报酬	佣金	经纪费或服务费
职业责任保险要求	无	有
最低实收股本	代理机构（公司代理）：25000新加坡元	经纪机构：300000新加坡元

再保险经纪人是保险公司和再保险公司的中介人和顾问，就其保险或再保险业务的风险转移方面，向保险公司和再保险公司提供专业意见。再保险经纪人还帮助他们的客户设计和规划再保险，再保险经纪人在提供再保险解决方案的过程中，提供服务的范围较为广泛，包括基于对客户保险组合的分析协助其寻找具有竞争力的价格和有吸引力的条件。

特别需要指出的是，豁免经纪人与是否兼业无关，豁免只是免于注册，但从《保险法》来看，豁免保险经纪人情况都属于兼业保险经纪人。根据《保险法》规定，以下六种情况可免登记为保险经纪人：

（1）根据《银行法》获发牌照的银行。

（2）根据MAS法案经批准为金融机构并经批准经营保险经纪业务的商业银行。

（3）根据《金融顾问法》授权的金融顾问。

（4）根据《证券及期货法》持有资本市场服务牌照。

（5）获《金融公司法》豁免以保险经纪身份经营业务的财务公司。

（6）获发经营寿险业务牌照的直接保险公司。

（7）金管局规定的其他人士。

二、新加坡保险销售的中介渠道

新加坡保险中介的发展是市场细分的结果，中介渠道包括保险代理人和保险经纪人，通过保险销售、业务咨询、风险管理、价值评估、损失鉴定等中介服务，促成保险买卖双方达成协议，进行保险产品的销售与推广。2015 年 4 月 7 日，新加坡金管局正式发布直接购买保险（Direct Purchase Insurance & Compare First，DPI），消费者可以通过 DPI 自行比较和购买所有保险公司的基本人寿保险，而无须通过保险经纪购买。这项举措预计将使保费减少 5%—15%。这将最大程度的帮助消费者了解保险产品和保险公司，加强行业竞争的透明性和公平性，促使行业健康发展。

三、新加坡保险中介市场发展现状

新加坡保险行业相对透明，在金管局的监管下规范而严格。新加坡保险的三个正规销售渠道是：一是像友邦等正规注册的保险公司；二是保险中介机构；三是保险公司授权的银行代理。根据新加坡《保险法》，保险中介包括保险代理人和保险经纪人。与代理人不同，经纪人可以自由地与任意数量的非寿险保险公司开展业务，而且代理人没有职业责任保险的要求，而经纪人是必须要有的。

长期以来，代理人是新加坡保险产品特别是寿险产品销售的主力军，2011 年大约 90% 的人寿保险业务是通过保险代理人进行销售的[①]。新加坡金管局已开始极力开拓如上所述的如银行保险、直销以及电子商务等新的保险分销渠道，但目前来看，代理人机制仍然是主要的产品销售渠道。从总的趋势分析，特别是随着机车险无纸化电子保单的出现以及新型科技在保险中的广泛应用，估计在不久的将来，新型的分销渠道会对新加坡保险业的销售结构带来巨大的影响。

根据金管局 2018 年年度报告，截至 2018 年第一季度，新加坡保险经纪机构数量为 80 家。2018 年底显示的保险代理人有 15517 人，但是不包含保险经纪人[②]。根据新加坡《2019 年人口简报》全国人口达 570 万人，新加坡的三方理财及经纪业务占比很高，寿险代理人的占比大概是千分之三的水平。

第二节　新加坡保险中介监管体系及法律法规

一、新加坡保险中介监管体系介绍

新加坡作为世界上最早开始进行金融监管的国家，监管机制可以说已经完备，其金融监管主体成立于 1971 年，名为新加坡金融管理局（Monetary Authority of Singapore，MAS），作为英国影响深远的国家，其崇尚高度的法制和严格的管理。MAS 拥有极高的独立性和权威性，能够有效地对新加坡的金融业、保险业进行监管。

---

① 《新加坡 40 年来首张人寿保险牌照：Singapore Life 》，中国保险与养老金研究中心道口保险观察。

② 新加坡金管局：https://www.mas.gov.sg.

MAS拥有两个身份，第一是中央银行，第二是监管机构。前者主要职责是中央银行的金融调控职能，MAS通过利率政策、公开市场业务、存款准备金等进行调节市场，稳定金融环境；后者主要职责是对新加坡所有金融行业的监管，包括银行、保险和资本市场中介机构进行监管和管理。新加坡保险经纪人相关事务的监管主要由MAS下属的保险部负责。

二、新加坡保险中介监管机构和职能

（一）新加坡金管局（MAS）

MAS具有双重身份，既行使中央银行职能，也负责新加坡所有金融行业的监管。MAS组织架构见图6-1，其最高权力机构是理事会，下设常务委员办公室，常务委员办公室下设有货币政策与投资部、发展与国际部、金融科技与创新部、金融监管部和企业发展部5个部门。其中，金融监管部下设银行与保险署、资本市场署，政策、风险与监督署和数据分析署。

银行与保险署下设银行Ⅰ部、银行Ⅱ部、银行Ⅲ部、保险部、反洗钱部等部门；其中，保险部负责监督和管理保险公司，主要目标是保护投保人的利益，采取风险评估的方法对保险公司进行审慎监管及市场行为监管。在制定政策和标准方面，保险部与业界团体紧密合作，以促进业界采用最佳做法，逐步与国际保险监管的通行准则和一般趋势接轨。

资本市场署下设资本市场中介Ⅰ部、资本市场中介Ⅱ部、资本市场中介Ⅲ部、公司财务及消费者部、市场政策与基础设施部以及执法部。资本市场中介Ⅰ部、资本市场中介Ⅱ部、资本市场中介Ⅲ部监管着约1000家资本市场中介机构，包括证券和衍生品经纪人、基金经理、房地产投资信托基金经理、企业金融顾问、金融顾问、保险经纪人、信用评级机构和信托公司。

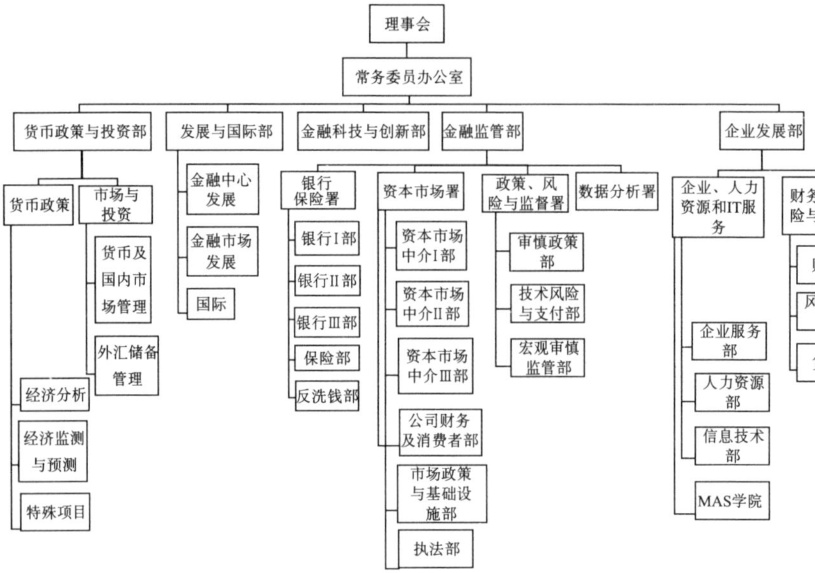

图6－1　新加坡金管局组织结构

政策、风险与监督署，下设审慎政策部、技术风险与支付部、宏观审慎监管部。其中，审慎政策部为银行、保险公司和证券公司制定审慎的政策，严格银行、商业银行、金融公司和金融控股公司的规章制度，以促进建设健全和有活力的金融部门。

（二）保险经纪人监管机构

新加坡保险经纪人相关事务的监管主要由MAS下属的保险部负责。

在新加坡经营保险经纪业务的保险经纪人，除豁免保险经纪人①外，都须向MAS申请注册。对普通经纪人而言，从业务来看，分为直接保险经纪人、普通再保险经纪人和寿险再保险经纪人。保险经纪人的登记、豁免，以及解除登记、财务和商业行为要求的详细情况载于《保险法》《保险中介监管规定》和MAS出台的其他法规文件。

新加坡保险经纪人协会是新加坡保险经纪人自律行业组织，主要负

① 豁免保险经纪人是无须向保险部申请保险经纪资格的法人。

责保险经纪人的自律、维权、服务、交流、宣传和教育培训等。

（三）保险代理人监管机构

新加坡保险代理人的监管主要由普通保险行业协会（GIA）负责。GIA 负责所有代理人、特定行业代理人和指定代理人的注册申请、延续申请、取消或暂停注册、关于违反《普通保险代理人登记条例》的调查、上诉和复职等。无论是以自然人名义注册的个人代理，还是在监管机构以机构注册的公司代理人，都需要满足《普通保险代理人登记条例》。

三、新加坡保险中介监管法律法规

新加坡经过多年探索与实践，逐步建立起一套较为完善的保险中介监管法律体系，有力维护了新加坡保险市场的稳定与发展。新加坡涉及保险中介的监管法规主要有《保险法》《保险中介监管规定》《保险经纪及其经纪人员的最低从业标准及持续专业发展》《金融顾问法》等。

（一）保险法

共有四个部分：前言，经营保险业务，申报、检查、调查、清盘、转让业务，其他和通用。前言对保险中介、保险经纪人、保险代理人作出定义；第 35O 条对保险人向保险中介支付佣金以及委托人向保险经纪人支付咨询费作出了规定；第 35P 条要求保险中介在订立合同前进行事前披露，披露内容包括持牌保险人的名称、与持牌保险公司的关系、持牌保险人收取的保险费，和 MAS 在指示中说明的其他资料；第 35R 条对于误导性陈述等欺骗行为以及处罚作出详细的论述，该版《保险法》沿用至今。

（二）保险中介监管规定

共有四个部分：前言、财务及其他要求、报送和其他。第一部分前言定义了保险经纪人、豁免保险经纪人、豁免再保险经纪人、海上共同保险人以及净资产价值；第二部分对各类保险经纪人的最低实收股本、职业责任保险、资产净值、保费账户、财务及其他要求作出详细规定；第三部分规定保险经纪人和豁免保险经纪人向 MAS 报送文件的内容和时间限制，细节上对于签名要求、财务年度作出了规定；第四部分将本法排除风险、本法不适用的情况、注册保险经纪人的年度监管费、注册保险经纪人的豁免也作出详细说明。最后附上了保险中介从业资格申请注册以及文件报送的规范表格。

（三）最低从业标准及持续专业发展规定

第一部分“经纪从业人员的强制性最低标准和考试要求”：应具备非寿险保险资格证书或其他同等资格以及需要通过的科目，每月按时向 MAS 提交指定新经纪人员的资料；第二部分“经纪人员持续专业发展的非强制性最佳实践标准”为非强制性标准，MAS 鼓励和希望经纪人员通过培训获得新技能和知识，获得持续专业发展。

（四）金融顾问法

共有十个部分：引言、金融顾问及代表、商业行为、会计及审计、当局的权利、监管及调查、协助外国监管机构、违法行为、上诉和其他，适用于所有从事金融咨询服务的市场中介机构。提供寿险服务的保险公司和提供寿险中介服务的根据《保险法》登记的保险经纪人，可向 MAS 申请豁免持有金融顾问执照在新加坡从事金融咨询服务，但仍必须遵守《金融顾问法》规定的商业行为要求，即所有从事金融活动的个人和公司，都受到《金融顾问法》的监管。

（五）其他法律法规

此外，新加坡还颁布了许多指引、守则、实施细则等行业规范，如《保险经纪行为准则》《保险经纪市场行为准则和服务标准》《合适及适当原则规范》《市场销售及分销行为准则》等。

第三节　新加坡保险中介的准入政策及市场行为监管

一、新加坡保险中介机构市场准入及退出规则

（一）准入规则

1. 保险代理人

新加坡所有保险代理人，包括指定代理人和特定行业代理人都必须在 GIA 和 ARB 下注册。GIA 管理委员会任命一名普通保险代理登记官，登记官负责保存、维护和更新一份普通保险代理人登记簿。任何希望按照 MAS 的强制性要求在管理委员会注册的人，应通过 GIA 成员公司向注册官提交注册申请。当管理委员会认为申请人满足《保险法》第 142 章的强制性要求时，管理委员会可在登记册上登记该申请，并注册和颁发注册证书，在注册期满时代理人应当向管理委员会续期。

新加坡保险代理人准入条件包括：

（1）保险代理申请人分为以下几种类型：①个人；②在新加坡会计和企业管理局（ACRA）注册的独资企业或合伙企业；③在 ACRA 注册的公司；④在社团注册局注册的社团；⑤在合作社注册处登记的合作社；⑥在 ACRA 注册的有限责任合伙企业。

（2）所有注册代理商必须遵守以下规定：①《普通保险代理人登记条例》；②ARB 确定的适合和适当标准；③ARB 确定的机构管理框架；④ARB 确定的持续专业发展要求；⑤2012 年《个人数据保护法》；⑥所有相关法律和法规，包括《保险法》的强制性要求等。

（3）在 ACRA 注册申请，代理人或特定行业代理人在申请时必须

具有25000新加坡元的最低实收资本，并且必须在其注册期间保持相同的实收资本水平。

2. 保险经纪人

保险经纪人只有在监管当局进行注册登记，方可从事保险经纪业务。监管当局需建立并维护注册保险经纪人登记册，登记册应载明的信息包括：注册保险经纪人名称；注册保险经纪人主要营业地址。查阅登记册信息需缴纳费用。注册保险经纪人及豁免保险经纪人应为其从业人员进行登记，从业人员登记册载明的信息包括：每个保险经纪人的姓名，每名经纪人员从事的保险经纪业务的种类，每名经纪人员开始从事保险经纪业务的日期，每个经纪人员获得何种从业资格以及获得日期。

注册保险经纪人均为机构，应具备法律规定的条件，根据新加坡《保险法》和《保险中介监管规定》，主要包括以下准入条件：

（1）最低实缴股本要求。注册保险经纪人在任何时候均须备存一笔适用于本公司的最低实收股本，具体见表6－2：①申请人如若注册为直接保险经纪人、普通再保险经纪人或人寿保险经纪人，其最低实缴股本不得低于30万新加坡元；②若注册不止一种保险经纪业务，其最低实收股本不得低于上述所指明的各业务最低实收股本的总和；③注册保险经纪人需维持实收股本不得低于上述最低应缴股本数额。

表6－2　　注册实收股本要求

注册保险经纪业务类型的数量	最低实收股本（新加坡元）
1	300000
2	600000
3	900000

（2）资产净值。任何注册保险经纪人应随时保持的净资产价值应不少于上述最低实缴股本的50%。

（3）职业责任保险要求。注册保险经纪人在任何时候均应拥有有效的职业责任保险：①申请人如若注册为直接保险经纪人、普通再保险经纪人或人寿保险经纪人，应投保职业责任保险，其赔偿限额应不少于100万新加坡元，经营首年的职业责任保险免赔额应不超过申请人实收资本的20%；经营后续年度的职业责任保险免赔额则根据上一财务年度末净资产的20%确定。②如申请人注册多种保险经纪业务，其职业责任保险的赔偿限额应不少于上述所指明的每项保险业务赔偿限额的总和。

（二）退出规则

1. 保险代理人

（1）若代理人通过以下方式完成注册，则ARB可取消其注册资格：①任何虚假、不正确或误导性陈述；②ARB认为未能或遗漏注册申请所需要披露的任何重要的事实或事项；③任何欺诈手段；④违反《保险法》的相关规定（特别是第ⅡB部分关于保险中介机构的规定）、MAS第211号文件和其他相应法律法规。

（2）如果代理人在30天内不代表任何保险公司履行代理义务，则ARB可以取消其代理人的注册资格。如果代理人与任何保险公司没有任何有效和存续的代理协议，则该代理人应被视为不代表任何保险公司。

（3）被取消资格的代理人或指定代理人可在取消注册之日起一年后，根据MAS通知的强制性要求向ARB重新申请注册。ARB有充分的自由裁量权批准或拒绝该申请或在ARB认为合适的期限内对该申请延期审议，但应为此提供相应的理由。

2. 保险经纪人

（1）如若发生下列情况，MAS将根据保险经纪人的相关要求取消其登记。

①保险经纪人在注册后6个月内尚未开展业务；②保险经纪人已停止经营其注册的业务；③MAS认为保险经纪人未能履行依法应当承担的任何责任；④MAS认为存在不允许保险经纪人注册的理由；⑤保险

经纪人拟与其债权人订立或已与其债权人订立任何债务重整协议或安排，或已进入清算阶段，或已结束清算或以其他方式解散；⑥保险经纪人以可能有损其保单持有人利益的方式经营其业务；⑦保险经纪人无法履行其应承担的义务；⑧保险经纪人违反任何规定或 MAS 根据《保险中介法》给予的任何条件或任何指示；⑨担任管理或行政职务的任何高级人员已被判定犯有《保险中介法》所列的任何罪行；⑩保险经纪人误导或提供虚假、不准确的资料，或在其注册申请中隐瞒或未披露重要事实。

（2）除法律另有规定外，MAS 在取消任何保险经纪人的注册前，须提前将该取消令以书面形式通知该保险经纪，并表明在通知发出后的相关期限内，保险经纪人须向 MAS 提出不应取消注册的理由；如果相关保险经纪人未能在上述期限内提供不应取消注册的理由，或该等理由不充分的，该等取消令将于上述期限届满之日起生效[①]。

（3）即使任何保险经纪人已被取消注册，只要该保险经纪人对任何保险人、投保人或拟投保人仍负有任何法律责任，保险经纪人须采取其认为合理或 MAS 所规定的措施，以确保已就该项法律责任或将就该项法律责任作出合理的安排。

（4）当 MAS 取消注册时，须立即通知保险经纪人注销。

二、新加坡保险中介机构高管任职资格

保险中介机构高管应具备以下任职条件：诚实、正直与声誉；经验与能力；财务稳健。

（一）诚实、正直与声誉

作为一个企业的高管，首先需要具备诚实、正直和高声誉的品质。

---

① 金管局作出的取消令，在金管局向保险经纪人通知该命令后的 30 天期限届满后生效并公示。

以下列出的因素与诚实、正直和声誉程度评估有关：

（1）在任何司法管辖区内，被剥夺或限制从事法律要求特定许可、注册或其他授权的任何行业、业务或职业的权利。

（2）已根据 MAS 管理的任何法案发布禁止令，或已被任何金融服务监管机构禁止在任何司法管辖区内经营业务。

（3）受到 MAS 及其他监管机构、市场参与者、贸易储存库、清算机构，任何专业团体或政府机构的谴责、纪律处分、暂停或拒绝准入资格或注册，无论是否在新加坡。

（4）根据任何司法管辖区的任何法律，已成为任何法律或刑事诉讼的对象，或已被告知可能接受任何法律程序的调查。诸如此类行为，都有可能影响到高级管理人员的形象。

（二）经验与能力

就受 MAS 监管的高级管理人员而言：

（1）考虑到他们必须履行职责的性质，无论是在新加坡还是其他国家，都应具有与职责相匹配的学历资格或经验、相关技能和知识。

（2）符合《CMS 许可证和豁免金融机构持有人代表最低入境和审查要求通知书》或《关于许可财务顾问代表最低入职和审查要求的通知中规定的要求并豁免财务顾问》规定的最低入职标准。

（3）就保险经纪来说，首席执行官和执行董事应具有至少 5 年的相关工作经验以及较高的学历和专业资格。此外，首席执行官应在相关领域拥有至少 3 年的管理经验。

（三）财务稳健性

评估财务稳健性包括但不限于以下因素：

（1）是否已经或未能履行其在新加坡或其他地方的任何财务责任。

（2）无论是在新加坡还是在其他地方，已与/或正在与其债权人达成任何妥协或安排，或为其债权人之利益作出任何妥协或安排。

（3）无论是在新加坡还是在其他地方，无法全部或部分执行相关司法判决项下应承担的债务。

（4）除上述（1）（2）（3）外，如果是相关人员是个人，则该个人：①无论在新加坡或是其他地方，是或曾经是破产程序的相对方；②无论在新加坡或是其他地方，已被裁定为破产人，且该裁定并未解除；③正在或曾经受制于新加坡以外地区的任何与上述①②相类似的其他程序。

（5）除上述（1）（2）（3）外，如果是相关人员是法人，则该法人：①无论在新加坡或是其他地方，是或曾经是破产清算的对象；②无论在新加坡或是其他地方，正在进行清算或以其他方式予以解散；③无论在新加坡或是其他地方，是或曾经是就其任何资产被委任相关接管人、管理者、司法经理或具有相应职权的人；④正在或曾经受制于新加坡以外地区的任何与上述①②③相类似的其他程序。

三、新加坡保险中介机构的日常监管

（一）经营规则

1. 保险经纪人

（1）保险经纪人的分类及其业务范围：①直接保险经纪人，经营非寿险业务、长期意外和健康保险业务；②普通再保险经纪人，经营普通再保险业务；③寿险再保险经纪人，经营寿险再保险业务；④保险经纪人，经营上述任何业务的组合。

（2）保险经纪人可以自由地与任意数量的非寿险保险公司开展业务，理解并满足客户的保险要求，并采取一切合理步骤，为客户的利益公平地开展业务。

（3）保险经纪保费账户。保险经纪人应建立单独的保险经纪保费专用账户。除非法律另有规定，未经 MAS 事先书面同意，不得从该账户提取款项。此账户具体用于以下几种情况：代表保险人收取保费和代表投保人收取应得的收益；以存款的形式获得任何的利息和收入；保险经纪人应付给保险人的任何款项须在信用期①内支付。如若违反规定，处以 5 万新加坡元以下罚款。

（4）保险经纪人的监管年费。保险经纪人须于每年 1 月 1 日之前向 MAS 缴付监管年费：①如注册为直接保险经纪人，监管年费为 7000 新加坡元；②如注册为普通再保险经纪人，监管年费为 5000 新加坡元；③如果注册为人寿保险经纪人，监管年费为 2500 新加坡元。

（5）经纪人薪酬机制。新加坡保险经纪人的薪酬一般是以经纪费或服务费的形式出现，经纪费是指保险经纪人从保险公司收取的，为投保人与保险公司订立保险合同提供中介服务所获得的报酬；服务费是指经纪人向客户收取的，提供专业咨询和服务的费用。

2. 保险代理人

（1）根据《普通保险代理人登记条例》，代理人一次最多可代表 3 家保险公司或委托人，作为代理人的主要负责人必须是始终在 ARB 注册的代理商，由于任何原因不再是代理人主要负责人的代理商必须通知 ARB。

（2）代理人、指定代理人或特定行业代理人应实施并维护适当的信息程序，以保护从客户或与客户有关信息的机密性。代理人、指定代理人或特定行业代理人不得收集、使用或披露有关客户的个人数据，除非客户已同意收集、使用或披露或根据 2012 年《个人数据保护法》的要求或授权收集、使用或披露。

（3）代理人薪酬机制。保险代理人的薪酬由保险人以佣金的形式支付。

（二）文件报送

文件报送要求主要针对保险经纪人，基于《保险法》规定，新加

---

① 信用期：经纪人与保险人约定的支付期间或自保险合同投保开始之日起 90 天内，以时间较早者为准。

坡《保险中介监管规定》细化了对保险经纪人的文件报送要求。主要包括：

1. 注册保险经纪人的报送文件

注册的保险经纪应在年度结束后的5个月内或者MAS允许期限内，向MAS报送下列会计报表及其他报表：

（1）年度资产负债表。

（2）就其注册从事的每种保险经纪业务，分别开设的独立保险经纪费用账户。

（3）年度收支表。

（4）详细描述财务年度内所有业务的类别及安排。

2. 豁免保险经纪人[①]的报送文件

（1）作为直接保险经纪人、普通再保险经纪人或寿险再保险经纪人，在开始从事相关保险经纪业务后的14天内，须向MAS报送开始营业的报告。

（2）若发生任何重要事项的变更，自变更之日起14天内须向MAS报告。

（3）作为直接保险经纪人、普通再保险经纪人或寿险再保险经纪人，停止保险经纪业务14天前须向MAS报告。

（4）在每一财务年度结束后的5个月内，或在监管当局允许的时间内，作为直接保险经纪人、普通再保险经纪或寿险再保险经纪人，提交审计财务报表以及详细说明其作为保险经纪人在该财务年度处理的所有业务的种类和安排。

3. 报送文件签名要求

（1）注册保险经纪人报送的文件，应一式三份提交MAS，其中应至少有一份由两名董事以及公司的首席执行官或新加坡境内经其首席执

---

① 豁免保险经纪人指根据法律法规免于登记的保险经纪人。

行官授权并经 MAS 批准的其他人员签名。

（2）豁免保险经纪人报送的文件，应一式两份提交 MAS，并须由其董事、秘书、主要人员或首席执行官签名。

（3）在资产负债表签名的人须同时签署一份证明书，由注册保险经纪人提交 MAS。

（4）报送的文件应英文书写印刷，或经 MAS 许可可用其他方式印制。

4. 保险经纪人审计报告

注册保险经纪人应在每个财务年度结束后 5 个月内，或在 MAS 允许的期限内向 MAS 提交一份由审计员编写和签名的报告，其中说明审计员对资产负债表、保险经纪保费账户、利润和损失账户以及监管规定的其他报表的意见。

5. 财务年度

注册保险经纪人第一年的财务年度，自注册之日算起，不得少于 6 个月，不得超过 18 个月。

四、新加坡保险中介从业人员资质管理和行业监管

（一）资质管理

1. 保险经纪人

保险经纪从业人员是指由保险经纪人、注册保险经纪人、直接保险经纪人或豁免直接保险经纪人授权代表其行事，向保险经纪人的任何客户提供技术咨询、保险服务的工作人员。除正直、诚实、声誉高之外，还应具备以下条件：具有普通保险资格证书（CGI）或任何其他同等资格，才可进行一系列保险服务。自 2021 年 6 月 1 日起，所有由直接保险经纪人雇佣或委任的新经纪人员必须通过普通保险基本概念及原则模块，以及个人普通保险或商业普通保险的相关模块，或者具有任何其他

同等资格，然后才允许他们提供或出售相应的个人普通保险产品或商业普通保险产品或两者的咨询服务。

2. 保险代理人

（1）根据 MAS 211 文件，代理人应满足下列条件：①年满 18 岁的新加坡公民或永久居民或持有人力部签发的有效工作许可证的外国人；②须在 ARB 注册；③获得相当于或高于 3 GCE "O" 级信用证的最低学历或至少获得新加坡保险学院颁发的基本能力考试证书；④获得 CGI 资格[①]或具有代替 CGI 资格的认可资格（根据 MAS 211 文件规定）。

（2）持续专业发展要求。所有代理人必须在当年 12 月 31 日之前完成其持续专业进修时数。否则，普通保险登记证书失效，续约失效的代理人只能在一年后申请注册。培训时间只应在申请人成为代理人后参加培训时获得，普通保险代理人必须在第一年和第二年每年培训 24 小时，从第三年起每年培训 15 小时。

（二）行业监管

1. 保险经纪人

保险经纪人应确保其经纪人员符合继续教育要求，作为适当要求的一部分，但是保险经纪人无须因为他们未能满足继续教育要求而提交不当行为报告。保险经纪人在发现其从业人员有下列类型的不当行为时，须向 MAS 报告：

（1）涉及欺诈、不诚实或其他类似性质的犯罪行为：保险经纪人有理由怀疑其经纪人员犯下任何涉及作弊、不诚实、欺诈、伪造、挪用资金或违反信托行为时，保险经纪人须向警方提交报告，并向 MAS 提交一份报告副本。

（2）涉及未尽到应有的谨慎和勤勉义务，虚假陈述或信息披露不

① CGI 资格包括：基本保险概念和原则（BCP）和个人普通保险（PGI），若仅出售个人保险产品；BCP 和商业普通保险（ComGI），若仅出售商业保险产品；BCP、PGI 和 ComGI，若出售个人和商业保险产品。

充分的行为。

（3）其经纪人员未能满足指南编号 FSG - G01 中规定的适用和适当标准的情况。

（4）其他不当行为。

2. 保险代理人

新加坡普通保险协会发布的代理协议针对保险代理人执业行为作出明确监管要求：

（1）保险代理人应当：①为委托人安排保险业务时，应使用委托人当前的保险申请单、保单或文件；②确保每份保险申请单、保单或文件在由客户或其授权代表签署前，均已向客户解释、阅读、完成及理解；③不代替任何消费者签署任何保险申请单、保单或文件；④代理人应在任何时候尽最大努力促进委托人的保险业务和声誉，并应遵守委托人关于保险业务代理的所有指示；⑤代理人应赔偿委托人因代理人或其雇员的任何作为或不作为造成的任何损失，或代理人或其雇员违反规定所引起或承受的费用；⑥除向其专业法律顾问以外，或按照法律要求或当事人书面协议，不得向任何第三方披露与另一方业务有关的任何信息或协议的任何条款和规定。

（2）除合同另有约定外，保险代理人不得：①代表委托人接受或提出任何建议或提议，或更新、延长、变更或恢复任何合同；②取消或避免委托人接受的任何建议或提议或与委托人签订的任何合同；③代表委托人处理、协商、承认或解决任何理赔事项；④代替客户填写或签署索赔文件；⑤将代理的任何职能和职责委托给除指定代理以外的任何人；⑥转让或转移代理在本协议下的任何权利或义务；⑦做任何可能减少或损害委托人业务或商标信誉的事情；⑧就与委托人的业务有关的任何事项提起或维护或参与任何争议解决、调停、仲裁或法律程序。

五、新加坡保险公司对中介机构及人员的管控责任

保险公司在进行业务经营前应确保每个相关人员或保险代理人都经过充分培训，具备专业素养，遵守 GIA 制定的培训和能力非强制性最佳实践标准，以提高服务标准。

（1）所有培训和能力要求旨在确保达到和维持符合消费者利益的最低能力标准。

（2）保险公司须确保其代理人已接受适当及足够的训练，并已达到足够的能力标准，才可让代理人经营保险业务。

（3）保险公司应妥善及充分记录其代理人及指定代理人的姓名及资料。

（4）保险公司应在招聘时核实代理人的资格。

（5）保险公司应向其代理人，特别是所有新任命的初次加入普通保险行业的代理人，提供适当的入职培训。

（6）应组织入职培训，使代理人熟悉保险公司的业务目标和战略、服务和产品、承保理念、标准和要求、内部制度和文件惯例以及规则与期望。

（7）保险公司应确定其代理人的持续专业能力需求，并安排培训方案，以协助其代理人维持持续专业能力，并满足委员会不时决定的持续专业发展要求。

（8）保险公司应定期向其代理人提供经认可的培训方案一览表。

（9）保险公司须保存适当及足够的记录，以记录其代理人所完成的持续专业进修时数，并定期更新 GIA 或委员会所保存的持续专业进修记录资料库。

（10）保险公司须于当年第三季度末前，提醒其代理人未能达到所需的持续专业进修总时数。

（11）如代理人不符合持续专业进修的规定而被取消在 MAS 的注册，则代理人代表的保险公司应立即终止有关的代理协议并通知 MAS。

（12）保险公司应每月向其代理人提供报表，列明该月所处理的保险业务。

（13）保险公司须于该年度的账目结清后三个月内，向其代理人提交周年报表。

（14）按照代理协议的规定，应最后确定代理人在这一年中应得到的所有利益，并就此向代理人提出建议。

第四节　新加坡保险中介行业组织的地位及作用

一、新加坡保险中介行业组织概述

新加坡普通保险行业协会①（GIA）是普通保险业的行业协会，成立于 1966 年。GIA 代表会员公司利益，致力于为新加坡保险业的消费者、代理商和保险公司提供更方便、更有效地保险。GIA 下设 ARB 是新加坡普通保险代理的监管机构，负责为一家或多家从事普通业务的持照保险公司注册普通保险代理。

新加坡保险经纪人协会②（SIBA）是由国际和新加坡保险经纪人组成的行业协会，成立于 1973 年，代表新加坡保险经纪人的利益。SIBA 致力于帮助其成员增强能力和专业标准，及时了解技术进步、风险格局、分销渠道和客户期望所带来的监管变化和行业挑战。

---

① 新加坡 GIA 协会：http://www.gia.org.sg.

② 新加坡 SIBA 协会：http://www.siba.sg.

新加坡再保险经纪人协会[①]（RBAS）是新加坡注册再保险经纪人的专业机构，代表在新加坡注册的再保险经纪人利益，已成立20多年。RBAS致力于支持其成员的专业发展和新加坡再保险中心的发展，提供监管机构、成员和市场之间密切沟通的渠道。

新加坡保险与金融从业人员协会[②]（IFPA）是提供金融服务及为保险从业人员服务的协会，致力于维护行业的道德和专业标准。IFPA通过代表其成员对立法、监管和政策相关事项提出意见来维护成员利益。

新加坡保险代理人协会（ASIA）是一家代表在新加坡注册的普通保险代理人的协会。ASIA实时更新保险代理人最新成员信息，作为向其成员传播信息的集中通信平台。

二、新加坡保险中介行业组织的负责事项

新加坡各类保险中介行业协会有着一定的独立性，如协会可设置独立网址、独立董事会等，对保险机构的日常性监管如代理人的市场准入和保险投诉处理等事务有监督管理职能。其中，保险代理人相关事务的监管主要由GIA负责；保险经纪人相关事务的监管主要由MAS负责。

保险中介行业组织主要负责其成员的注册登记、行为规范、专业教育、信息交流等事项，见表6-3。具体来说，保险中介行业组织可以分为保险代理行业组织和保险经纪人行业组织，其负责的事项有所不同。

保险代理行业组织负责的事项包括：保险代理人的注册登记、代理人业务守则、代理协议、代理数据丢失保护、搭建保险代理人交流平台、搜集各成员对行业的意见和建议、提供保险业最新动态（信息交流、传播平台）、消费者维权等。

---

① 新加坡RBAS协会：http://rbas.org.sg.

② 新加坡IFPA协会：http://www.ifpas.org.sg.

表 6－3　　　　各行业协会主要职责

协会名称	主要职责
普通保险行业协会（GIA）	1. 代理人注册登记 2. 对违反相关法律条例的代理人进行谴责或制裁 3. 管理和维护 GIA 认为必要的 IT 基础设施平台 4. 制定、修订和批准行业最佳实践和指导方针 5. 对代理人进行特别审计，确保代理人符合相关规定
保险与金融从业人员协会（IFPA）	1. 维护行业的道德和专业标准 2. 让成员了解新的发展情况，并为他们提供一个平台，以发表他们对行业问题的看法 3. 充当成员与其他行业机构和监管机构之间的沟通渠道
保险代理人协会（ASIA）	1. 为会员提供了一个就影响普通保险业的事项交换意见和想法的平台 2. 更新保险业最新发展的成员 3. 作为向其成员传播信息的集中通信工具
保险经纪人协会（SIBA）	1. 为新加坡保险经纪人提供一个中央组织 2. 负责在新加坡从事或计划从事保险经纪业务的人的培训和教育 3. 决定保险经纪人加入协会的资格 4. 与其他专业团体或协会合作 5. 监察保险中介法例，并促进其实施 6. 解决成员之间与保险经纪业务有关的争议 7. 建议、订立和执行任何规则、规例、附带法例、专业标准及行为守则等，以促进及保障保险业及保险经纪的利益等
再保险经纪人协会（RBAS）	1. 再保险经纪公司注册登记，加强新加坡再保险市场准入 2. 监督成员遵守最高行业标准和惯例 3. 举办新加坡国际再保险会议

保险经纪行业组织负责的事项包括：对保险经纪人进行持续的发展和培训，监督保险经纪人的行为规范，搭建保险经纪人交流平台，搜集各成员对行业的意见和建议，提供保险业最新动态，跟踪保险经纪人的财务状况，再保险经纪人的注册、教育、监督、交流等。

三、新加坡保险中介行业及从业人员信息档案管理

新加坡国会于2012年10月15日通过了《个人数据保护法》，并于2013年1月正式生效。对于不遵守《个人数据保护法》的组织，将会被依法进行罚款并遭受名誉损害等处置。保险中介行业及从业人员的信息档案管理遵从该法案。根据中介机构性质，保险中介行业及从业人员信息档案管理可分为保险代理人信息档案管理和保险经纪人信息档案管理。

（一）保险代理人

根据《普通保险代理人登记条例》第7章，普通保险代理人登记事务具体规定如下：

（1）ARB应任命一名普通保险代理登记官（以下简称“登记官”），登记官可以是个人，也可以是法人。

（2）登记官应安排保存、维护和更新普通保险代理人登记簿（以下简称“登记簿”），其中应包含普通保险代理人的姓名、地址及要求的其他信息；代理人主要委托人及次要委托人、指定代理人的姓名或名称。

（3）登记官负责保存和管理登记簿。任何人要求查阅登记簿，必须以书面形式提出，并须经ARB事先书面批准。

（4）登记官还应履行审计委员会要求的其他职责。

（5）若代理人出现死亡、无法被追踪、已被ARB取消注册、不符合《保险法》规定的情况，登记官可将代理人或指定代理人的姓名或名称及详情从登记簿中删除。

（6）登记官可根据规例在登记簿内记录任何代理人或指定代理人的暂时吊销或取消注册。

（二）保险经纪人

根据《保险中介监管规定》第二章，保险经纪人登记事务具体规定如下：

（1）MAS 根据《保险法》第 35ZO（1）（a）条建立并保存注册保险经纪登记簿，应载明注册保险经纪人名称、从事保险经纪业务主要的营业地点的地址。

（2）查阅《保险法》第 35ZO（1）（a）条下的登记簿，以每个姓名 20 新加坡元收费。

（3）注册保险经纪人和豁免保险经纪人应当建立并保存经纪人登记簿，应载明每个保险经纪人的姓名、从事保险经纪业务的种类、开始从事保险经纪业务的日期、获得何种资格以及取得这种资格的日期。

第五节　新加坡保险中介领域创新发展

一、互联网科技在新加坡保险中介领域的应用

（一）构建数字平台

保险中介可以通过互联网技术自行构建数字平台，或使用保险公司搭建的数字平台，连接用户和公司，加快购买保险以及后续索赔的进程，并且在快速回应用户需求的同时增加用户黏性。

Delta Insurance Singapore 推出新加坡首个在线金融保险平台 Delta Digital，经纪人和财务顾问可以通过 Delta Digital 获得即时报价，并且这个过程只需要几秒时间。

Symbo Platform Holdings 在获得 MAS 颁发的保险经纪执照后，也推

出了数字保险平台，为个人和企业客户提供数字解决方案，帮助他们购买和管理线上保险产品。此外，该公司还收购了印度 B2B 再保险软件平台 ReLeague。ReLeague 可以提供全面的自动化解决方案，促进再保险公司和经纪人之间再保险信息的数字交换。

（二）运用区块链技术

区块链技术在金融领域的应用，已经成为一种趋势，保险是其中的一个重要场景。区块链保险从根本上改变了保险生态，用社区的形式组织保险，为社会提供更加安全、高效和低成本运作的保险网络。区块链保险“去中心化”的特性可以免去保险公司经营、销售渠道等方面的支出，同时可以使保险产品实现个性化的风险自由定价。

Insurance Market 在 2018 年 5 月发布了区块链项目 Inmediate 的白皮书，使新加坡成为世界上第一个推出基于区块链的保险生态系统的国家。Inmediate 的网络和 Dapp（去中心化应用）将扮演保险业各交易参与方（保险公司、消费者、分销商）的中心纽带，通过区块链和智能合约技术极大的降低保险业各参与方的费用，提高产业整体效率，使人们可以随时随地访问业务，完全自动化索赔流程。

二、保险科技应用在新加坡保险中介领域的监管要求

（一）监管沙盒

MAS 于 2016 年 6 月推出建立了金融科技监管沙盒，以引导和促进金融科技产业的持续健康发展。

“监管沙盒”（Regulatory Sandbox）可以提供一个“安全空间”，使得企业能够在其中测试创新产品、服务、商业模型与应用场景，而不会导致在一般情况下开展上述活动而出现的常规监管后果。也就是说，在沙盒内，金融管理局允许金融科技公司在事先报备的情况下，从事和现行法律法规相冲突的、须在获得牌照的前提下开展的业务，从而给包括

区块链企业在内的金融科技企业提供广阔的创新空间。

保险业务供应商 PolicyPal 和保险经纪公司 Inzsure Pte. Ltd. 先后参加了沙盒实验，在实验中可以测试大量技术和模型。

（二）个人数据保护法

在当前大数据时代，无论是金融科技公司还是保险科技公司，都不能忽视对于信息安全的管理，监管当局也在不断审时度势更新法律法规防范信息风险。新加坡用于信息安全的法案主要包括《个人数据保护法》《网络安全法案》。

2012 年颁布的《个人数据保护法》要求相关组织采取合理的安全措施，以保护其拥有或管理的所有个人数据，并保护数据免遭未经授权的访问或使用。违反法律的实体可被处以最高 10 万新加坡元的罚款或 12 个月的监禁或两者并处。

2018 年，新加坡本地 3 家保险公司 AVIVA、AIG 和 NTUC Income 因打印失误、寄发失误等原因泄露客户个人资料，触犯《个人数据保护法》，先后被个人资料保护委员会罚款 6000 新加坡元、9000 新加坡元和 10000 新加坡元。

2018 年通过的《网络安全法案》则旨在加强保护提供基本服务的计算机系统，防范网络攻击。银行和金融部门是提供基本服务的部门之一，被要求遵守业务守则、进行网络安全审计和风险评估、参与网络安全演习，其计算机系统收到网络安全法案的保护。

第七章 澳大利亚保险中介市场监管研究

第一节 澳大利亚保险中介的组织类型及发展情况

一、澳大利亚保险中介的定义范畴

澳大利亚的保险中介可分为保险代理人、保险经纪人、损失理算人和核保代理人四类。保险代理人代表保险公司的利益，代表保险公司向客户销售保险产品；保险经纪人代表投保人的利益，利用自身专业知识与技能为客户提供风险管理、风险咨询并推荐和销售保险产品；损失理算人是与保险公司签有合同的个人或公司，其职责为检查被保险人的索赔情况，评估损失，确定被保险人的索赔是否在其保单范围内，协助进行维修或更换报价，并帮助完成索赔；核保代理人是指保险专业代理机构在保险公司的授权范围内，可以代表保险公司对某种保险产品定价、销售和出单，其经营范围包括个人类和商业类保险，以财产保险为主，业务种类各异。

二、澳大利亚保险销售的中介渠道

澳大利亚大多数商业保险合同和零售保险合同都是通过保险中介签

订的。无论是在保险范围的确定还是理赔方面，保险代理人和经纪人等保险中介机构在保险领域都发挥着至关重要的作用。任何公司都必须通过个人行动，而除保险公司的雇员外，这些人通常是保险公司或客户的代理人。销售从业人员的管理架构总的来说是扁平化，绝大多数销售人员都隶属于一个代理公司或经纪公司，作为公司的授权代表各自进行销售。

从澳大利亚审慎监管局（APRA）处获得适当的财富管理和保险许可之后，澳大利亚允许机构兼营保险业务。澳大利亚的财产保险公司可自设经纪公司，由于经纪公司代表的是客户的利益，所以经纪公司必须是完全独立的子公司。人寿保险公司可自设理财规划公司，由于理财规划师代表的是客户的利益，所以理财规划公司不能只销售母公司产品。APRA 批准的保险执照对于特殊保险业务和多元化保险业务的运作要求是相同的。

三、澳大利亚保险中介市场发展现状

在发达国家中，位于大洋洲的澳大利亚，其保险市场也有百年的发展历程，业务发展势头良好，拥有庞大而健全的保险制度。自 2001 年开始，澳大利亚对所有从事金融服务的中介机构（如保险经纪机构、保险代理机构、Financial Advisor、Financial Planner 等）实施统一牌照管理，截至 2018 年，已累计发放金融服务牌照 6000 余家，其中拥有保险经营资质的机构 1600 余家。财产险方面，2018 年所有保险中介机构经手财产险保费 231. 12 亿澳元，约占同期澳大利亚财产险总保费的 50%；人身险方面，2018 年 70% 的零售业务是通过第三方中介机构的咨询顾问销售的，剩余 30% 是通过自营渠道、银行柜面、银行咨询顾问等渠道销售的。

在财产险市场上，澳大利亚的保险中介数量在 2016 年 6 月时为

1635家，在2018年6月时为1651家，在2019年6月时为1675家，呈小幅上升的趋势，年保费约在200亿澳元，约占同期财产险总保费的50%。在人身险市场上，根据TAL（澳洲人身险公司之一，市场占比20%左右）的研究报告，澳大利亚人身险市场销售渠道主要为零售（主要通过15000名独立IFA）、团险、直销和银行。零售方面，2014—2018年通过独立IFA销售占比近半份额，剩余份额中直销（包含保险公司门店）、银行直销及银行顾问占比各1/3左右。

第二节　澳大利亚保险中介监管体系及法律法规

一、澳大利亚保险中介监管体系介绍

澳大利亚金融保险业实行双峰监管制，由澳大利亚审慎监管局（APRA）负责审慎监管，由澳大利亚证券投资委员会（ASIC）负责市场监管。在监管实践中，APRA、ASIC、澳大利亚储备银行（RBA）三大金融监管机构由一个非正式合作主体——金融监管理事会（CFR）进行协调，具体见表7-1，并由澳大利亚联邦财政部（CTA）负责协助其他监管机构共同推动监管政策实施。

表7-1　金融监管理事会（CFR）

机构	央行（RBA）	审慎监管局（APRA）	证券投资委员会（ASIC）	财政部（CTA）
主要职能	金融系统稳定	审慎监管	行为监管	监管官员任命
监管对象		银行、证券、保险、养老金		
依据法律		保险法	公司法	

二、澳大利亚保险中介监管机构和职能

（一）澳大利亚审慎监管局

1998年7月1日，澳大利亚政府根据瓦利斯调查澳大利亚金融体系的建议成立了澳大利亚审慎监管局（APRA）。APRA是一个独立的法定机构，由它对保险机构进行审慎监管，同时对澳大利亚议会负责。审慎监管关系到维护金融机构的安全性和健全性，以便社区能够有信心在所有合理的情况下都能履行其金融承诺。

APRA负责监督：授权的存款机构（如银行、信用合作社等）、普通保险公司、人寿保险公司、互助会、私人健康保险公司、再保险公司以及养老金。根据APRA管理的法律，APRA的任务是保护存款人、保单持有人和退休金基金成员的利益。

APRA具有基于行业的监管模型，由独立的监管部门负责养老金、保险和银行业务。这些部门将财务和风险分析作为监督职能的主要职责，这涉及数据和信息的分析、与受监管机构的定期联系以及持续的现场审查计划。

APRA包括6个部门和1个独立的内部团队：银行部、保险部、退休金司、政策咨询部、跨行业见解和数据部、企业服务部和内部审计团队。银行部负责监督持牌的授权存款机构，包括银行、信用合作社和建筑协会；保险部负责对所有持牌普通保险公司、寿险公司和友好协会以及私人健康保险组织进行审慎监管；退休金司负责对所有注册退休金实体被许可人进行审慎监管，一线部门由监督应用程序和解决方案团队提供支持，该团队对所有3名执行董事都有“报告线”，在维持APRA监管框架中跨部门的一致性方面起着至关重要的作用；政策咨询部对APRA的一线主管进行风险分析和监督干预提供支持，该部门包括法律服务、政策制定、建议与批准、解决与执行以及许可；跨行业见解和数

据部汇集了统计、行业分析和风险方面的专家，以提供风险评估方面的专业知识，协助一线监督整个实体和行业，该部门包括信贷和市场风险、治理、保险和操作风险以及数据分析功能；企业服务部提供企业战略和风险管理以及企业共享服务功能，以帮助其他部门实现 APRA 的战略目标，该部门由人员与公司文化、信息技术、公司事务、战略、投资组合和变更管理、信息安全和治理、财务、风险管理及合规部门组成；内部审计团队为整个 APRA 的风险管理提供咨询，并向审计委员会提供独立的报告渠道，并直接与 APRA 成员和执行委员会联系。

（二）澳大利亚证券投资委员会

澳大利亚证券投资委员会（ASIC）是独立的联邦政府机构，根据 2001 年《澳大利亚证券和投资委员会法》成立和管理，主要依据《公司法》对澳大利亚金融体系、各金融机构及从业人员行使监管的职能，确保消费者、投资者和债权人受到市场诚信的保护。

澳大利亚金融市场模式是混业经营，所有在澳大利亚从事金融服务的机构均需要申请统一的澳大利亚金融服务（AFS）牌照，AFS 牌照由 ASIC 发放。申请者可以是个人、合伙企业、公司和受托人。申请流程分为四步：第一，申请者需要从以下 7 项选择一项或者多项的金融服务，包括提供金融产品咨询（保险中介需要选择该项）、金融产品交易、做市、经营注册计划、托管服务、受托公司服务和融资服务；第二，选择金融产品建议类别，代理销售还是根据个人情况给予产品建议；第三，选择金融产品，针对保险中介机构，选项有财产保险、人寿保险、养老产品、退休理财等，保险中介类公司在申请时需要明确被授权的产品；第四，正式确认机构类型定位，即该中介机构的正式名称，如财产保险经纪、人寿保险代理等，按照澳大利亚公司法 S923B 条规定，如果机构名称中要使用保险经纪人、保险经纪、普通保险经纪人、寿险经纪人等，需要在申请 AFS 执照时包含相应的业务。

三、澳大利亚保险中介监管法律法规

保险业在澳大利亚经济中发挥着至关重要的作用，是澳大利亚金融服务市场的重要组成部分，而保险业依靠中介人在市场上推广，对保险中介的监管变得很有必要。澳大利亚于1984年通过了《保险代理和经纪人法》，这是对中介人责任等特定问题领域的全面尝试。随着21世纪初金融服务引入和市场改革，这种针对保险中介机构的监管方法被抛弃，取而代之的是金融市场混业经营战略，市场改革基于全面整体的许可、披露、行为标准，所有金融产品和服务现在均受到《2001年公司法》第7章的监管。

（一）2001年公司法

2001年《公司法》第7章第910—917节中要求所有提供金融产品、服务或建议的个人、受托人、合伙企业或公司都必须持有澳大利亚金融服务（AFS）牌照，或作为有牌照机构的代表。第914A条指出：由于是单一发牌制度，单一牌照必须涵盖所有获授权持有人提供的特定产品及服务。第912A条明确了持牌人建议的质量、诚实和公正性以及遵守监管和争议解决事宜的范围和操作。第792A条中要求市场牌照持有人遵守牌照条件、监管市场参与者的表现和行为，以及拥有足够的财务、技术和人力。第881A条提出向零售客户提供服务的持牌市场参与者必须有一个补偿机制。第985B条具体规定了持牌人和保险人不是同一人时，保险责任的终止情况。被保险人只要向金融服务持牌人支付款项，即解除被保险人就该笔款项而对保险人所负的法律责任；保险人向金融服务持牌人支付根据保险合约或与保险合约有关而须支付给被保险人的款项，不论是就申索、保险费退回或其他事宜，并不解除就该笔款项而对保险人对受保人的任何法律责任。

（二）金融服务改革法

2001年《金融服务改革法》（FSRA）的出台和实施，代表了澳大利亚金融服务业最重要的公司法改革，它规定了监管金融产品和服务的新制度，通过加强金融安全和市场完整性来加强消费者保护。立法的目的是将保险、养老金和投资行业置于一个立法保护伞之下，并确保整个行业统一提供金融服务建议。FSRA引入了单一的金融产品许可证制度、单一的金融服务监管制度，并对费用披露提出了要求。自引入实施FSRA以来，金融服务一直由澳大利亚证券和投资委员会（ASIC）监管。个人和组织通过向ASIC申请获得许可，并获得AFS牌照。大多数提供财务规划服务的个人是作为执照持有人的授权要求这样做的，除其他要求外，还要满足法案第146条概述的培训要求。

（三）澳洲未来财务咨询服务法

《澳洲未来财务咨询服务法案》（FOFA）改革的主要目标之一是增加获得高质量建议的金融服务。法案第7.7A第2部分要求提供客户咨询的机构必须：（1）以客户的最大利益为出发点；（2）向客户提供适当的建议；（3）如果客户的建议基于不完整或不准确的信息，则提醒客户；（4）如果与客户自身或其关联方的利益存在冲突，则应优先考虑客户的利益。

（四）职业责任法

第27章第6节指出，作为被保险人的代理人，经纪人在通知其客户时必须做到合理谨慎。在某些情况下，经纪人在履行其所要求的合理谨慎时，可能会有义务建议客户披露所有重要事实，并就所需披露的性质和范围提供建议。经纪人在这方面的职责非常重要，因为被保险人在与经纪人打交道时很少会与保险人直接接触，所以经纪人作为中间人的地位至关重要。第27章第1节指出代理人不履行代理协议或者不谨慎履行义务的，被代理人可因违约或过失向其提起诉讼。

（五）其他法律法规

澳大利亚还颁布了许多指引、守则、实施细则等行业规范。如在自律层面，保险业90%以上的普通保险供应商都签署了《普通保险业务守则》，该准则涵盖了普通保险公司雇员及其授权代表在销售保险产品和处理保险索赔时的标准等事项。

四、澳大利亚保险中介违规处罚案例

保险中介监管机构将对以下违规行为进行处罚：通过虚列费用、虚挂业务、虚增人员等方式套取资金；聘任不具任职资格的高管或工作人员；未按规定对从业人员进行执业登记；从事未经许可的保险中介业务；未按规定报送信息、报告重大事项；利用执行保险中介业务之便牟取非法利益；承诺给予合同约定以外的利益等欺骗投保人利益行为。

ASIC将金融服务类违法行为分为：（1）与提供信贷有关的不当行为。（2）不诚实行为及误导性陈述。（3）挪用、盗窃、欺诈。（4）其他金融服务不当行为。处罚结果分为犯罪、民事责任、行政处罚、法院强制执行、调解等。每半年ASIC会有一份报告，其中会披露期间内ASIC记录的公司管理、金融服务、金融市场及中小企业等各类处罚事由及结果。

澳大利亚金融服务公司AMP支付517.5万澳元罚款。AMP的金融规划师参与“篡改行为”（Rewriting Conduct），即提供建议致使客户取消现有的保单，并通过新的申请而不是通过转让获得类似的替代保单。通过取消保单和建议客户提交新的申请，客户被暴露于许多重大风险之下，而规划师获得的佣金比他们简单地转让保单要高。

前财务顾问Trevor William Martin因骗取客户资金被判刑。在2011年6月至2015年4月期间因存在不诚实的行为获得客户资金20.8万美元。

西太平洋银行（Westpac Banking Corporation）违反《公司法》（Corporations Act）相关条例支付915万澳元的罚金，并向ASIC支付诉讼费用。因金融规划师Sudhir Sinha先生给客户提供了不恰当的金融建议，违反了《公司法》规定的最佳利益义务和相关义务。Westpac对这些违规行为负有直接责任。

2019年4月，珀斯一名保险经纪人因不诚实行为被判处入狱，他承认了7项不诚实行为的指控，将51笔共计199391美元的退款转移到他名下的个人账户。

2019年3月，财务顾问Gabriel Nakhl因从事不诚实行为被新南威尔士州地方法院判处10年监禁。他承认了8项不诚实行为的指控，涉及12名投资者的资金约670万美元。

保险中介的违法行为类型可包括审计师失职、清算人失职、董事失职、资不抵债、挪用、盗用、欺诈、不诚实行为、误导性陈述等。澳大利亚2017—2020年的处罚数据见图7－1。

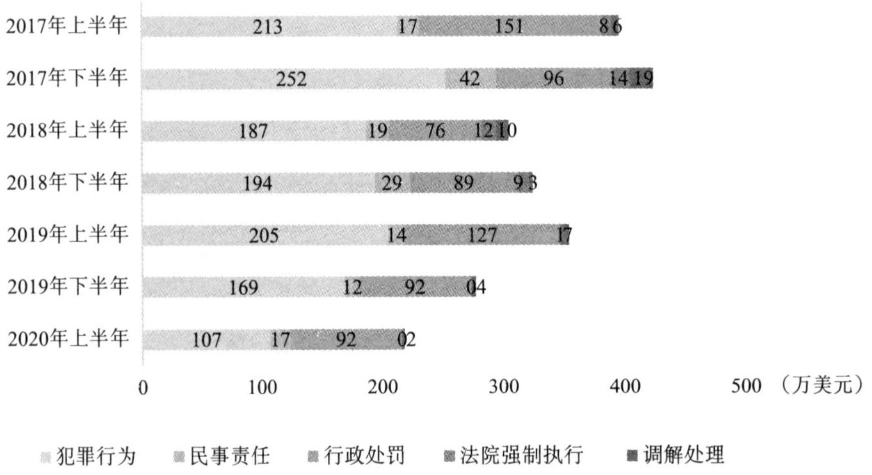

图7－1　2017—2020年澳大利亚保险中介处罚结果

第三节 澳大利亚保险中介的准入政策及市场行为监管

一、澳大利亚保险中介机构市场准入及退出规则

（一）准入规则

在澳大利亚从事金融服务的机构均需要申请 AFS（Australia Financial Service）牌照，登记注册时可以选择以个人、合伙企业、公司、信托受托人或者其他身份申请 AFS 许可证，并填写名称和详细信息。申请者在登记注册填写时选择被授权的金融服务和产品，可以从以下七项中选择一项或者多项的金融服务，包括提供金融产品咨询、金融产品交易、金融产品做市、操作注册组合及方案、提供托管及存管服务、信托服务和融资筹款服务。按照澳大利亚《公司法》S923B 条规定：如果申请者要使用保险经纪人（Insurance Broker）、保险经纪（Insurance Broking）、普通保险经纪人（General Insurance Broker）以及寿险经纪人（Life Insurance Broker）等需要在申请 AFS 许可证时明确授权中所包含的相应业务。

保险中介相关业务申请者在申请提供金融产品咨询后需要选择明确要被授权的产品，包括：支付类产品、金融衍生品、外汇、财产险、人身险、股票、债券、投资计划、退休账户、退休金、碳排放交易等。

保险中介机构申请 AFS 牌照要完成以下四个步骤：

（1）选择金融服务类别：针对中介机构，选项应为提供金融产品咨询。

（2）选择金融产品建议类别：代理销售还是根据个人情况给予产品咨询。

（3）选择金融产品：针对保险中介机构，选项有财产保险、人寿保险、养老产品和退休理财等。

（4）机构类型定位：最后一步正式确认该中介机构的正式名称，如财产保险经纪、人寿保险代理等。

（二）退出规则

1. 主动退出

如果不再需要 AFS 可以向 ASIC 申请取消牌照。

2. 被动退出

证券投资委员会（ASIC）负责监管在澳大利亚开展金融服务业务的人员，包括为他们颁发执照，监督他们是否遵守其法律义务以及在违反有关法律规定时作出处理。澳大利亚证券投资委员会采取行动保护投资者和消费者的权力，他们有权暂停、取消或更改 AFS 牌照，并且发出禁止令禁止违规人员提供金融服务。在作出这些决定时，他们会考虑的因素包括：发现持牌人有不合规的行为发生并审核其不合规的严重性；持牌人已经提交的违约报告并审核其违约的严重性；及时作出适当的补救措施来保护消费者和投资者；及时采取行动制止持牌人从事不当行为。

二、澳大利亚保险中介机构高管任职资格

澳大利亚联邦财政部（CTA）负责任命 APRA、ASIC 等监管机构的主要高管。ASIC 的合规指南 RG－104 中对所有 AFS 公司法人提出合规要求，RG－105 对负责人提出资质要求。在申请 AFS 牌照时或在年审、抽查时，公司法人必须能向 ASIC 证明合规情况，必须具有适当的合规性框架，包括持续的专业发展计划来管理、监督和审计相关的被授

权代表。关键岗位包含：对公司业务的重大日常决定负责的人（如MGA 中的首席核保人或首席理赔人、保险经纪公司的业务总监等）、合规总监、财务总监、有签字权的人等。RG－105 对负责人提出资质要求，根据关键岗位负责人的授权范围，对其从业经验有 3—5 年或 5—8 年的要求，还需要行业相关资格认证、大学本科学位（主修经济、金融、财务或相关专业）或与业务主业相关的大学本科学位。

三、澳大利亚保险中介机构的日常监管

澳大利亚审慎监管局（APRA）负责对包括银行、信用合作社、友好协会、人寿保险公司和一些有权管理公共资金的养老基金行业进行审慎监管。

澳大利亚证券投资委员会（ASIC）是独立的联邦政府机构，依法对澳大利亚金融体系、各金融机构及从业人员行使监管的职能，确保消费者、投资者和债权人受到市场诚信的保护。

ASIC 的监管处罚工作的核心重点是威慑、公开谴责和惩罚。澳大利亚执法办事处负责 ASIC 的关键执法活动。2018 年度，ASIC 记录了107 项与金融服务相关的处罚结果，具体见表 7－2。

表 7－2　　2018 年 ASIC 各类处罚汇总　　单位：项

违法行为类型	犯罪行为	民事责任	行政处罚	法院强制执行	调解处理	总计
与提供信贷有关的不当行为	3	0	11	2	1	17
不诚实行为、误导性陈述	4	6	14	1	0	25
挪用、盗窃、欺诈	2	5	3	0	0	10
无证经营	0	2	1	0	0	3
其他金融服务不当行为	0	8	31	4	9	52
总计	9	21	60	7	10	107

四、澳大利亚保险中介从业人员资质管理和行业监管

（一）资质管理

保险经纪人或保险代理人必须持有 AFS 牌照或是持有 AFS 牌照实体的授权代表，只有持有相应资质的代理才可以销售产品。要维持销售的授权，被许可人必须确保进行适当的继续教育。

ASIC 出台的合规指南中 RG－146 监管要求，确定了销售保险产品的从业人员的从业资格要求，即从业资格考试。一般情况下，从业资格考试根据 RG－146 分为二级合规与一级合规两个级别。二级合规也称普通建议，即销售人员根据自己可以销售的产品范围推销产品。一级合规也称个性化建议，即销售人员根据客户自身的具体情况而给予产品推荐。除了分级以外，资格考试还按专业类别分为财产险、寿险、理财规划师等。对于具体销售从业人员没有牌照要求，从业人员可持有 AFS 牌照，也可以不需要持有 AFS 牌照。但没有持牌的从业人员，需要中介公司进行授权，作为中介公司的授权代表从事销售工作。新的从业人员需要通过 FASEA（Financial Adviser Standards and Ethics Authority）考试，已从业人员也需要在 2021 年底前通过 FASEA 考试。

从业人员的培训是由第三方进行的，由监管部门委托符合澳大利亚质量培训框架下的注册培训机构进行。培训机构分为三大类：一是专业的培训机构，二是大学的培训中心，三是各类行业协会。各类行业协会做相关培训时需要专业的培训机构进行能力认证背书。培训采取学分制，拟从事某一类产品销售的人员需要选择一系列课程达到最低学分标准方可算作培训合格。

（二）行业监管

ASIC 按照公司法相关规定，对于持牌机构在牌照申请、人员培训、信息披露、纠纷处理等方面有一系列的合规要求。合规指南 RG－104

对 AFS 公司法人提出合规要求；RG－105 对负责人提出资质要求；RG36 建议及交易；RG 78 违法报告；RG146 培训要求；RG165 纠纷处理；RG 175 信息披露；RG 181 利益冲突管理；RG 255 电子化要求；RG 269 合规计划。所有合规文件主要目的是通过信息披露、培训、纠纷处理、利益冲突管理等一系列要求加强对消费者尤其是个人消费者的保护。

ASIC 网站有专门的版块用于查询所有在册从业人员的具体情况。ASIC 网站中信息披露的内容覆盖面广，覆盖期间长。具体披露内容包括所有业务人员的从业年限、目前服务的公司及产品领域、曾经服务的公司及产品领域、曾经接受的各类处罚情况、已完成的培训课程情况、行业协会会员情况等内容。

澳大利亚对于接受服务的对象是个人客户还是机构客户（资产高于 1000 万澳元）实行了差异化监管。向个人客户提供金融产品建议时，从业人员需要满足培训、信息披露等各项要求；向机构客户提供金融产品建议，对从业人员没有强制要求，理由是机构类客户应该具有必要的专业判断能力。

澳大利亚对于提供一般建议还是个性化建议进行的监管要求也不同。在为客户提供一般建议时只需要顾问进行简单的信息披露，但是在为客户提供个性化建议时必须满足 ASIC 的各项合规要求，包括人员培训、信息披露、最佳利益原则等内容。

五、澳大利亚保险公司对中介机构及人员的管控责任

从业人员所属公司负责对其从业人员进行日常管理，包括执业登记及继续教育的组织实施。保险公司需要指定专人负责业务员的继续教育，负责制定年度计划并保留所有培训记录，确保顾问有参加继续教育的培训，保证他们不断更新知识和技能。继续教育没有时间要求，但是

要包含基本的合规教育，二级合规培训大约每周 15 小时，90 天内完成；一级合规培训大约每周 15 小时，24 周完成。

财产险、寿险、保险经纪、理财规划的培训内容各不相同，二级合规注重金融与保险基础，一级合规注重法律法规。以保险经纪为例，二级合规培训的内容有：金融系统与保险基础、个人保险与商业保险基础、客户服务技巧；一级合规培训的内容有：提供专业保险经纪服务、经纪客户的保险需求变更处理、新业务提交前的准备工作、在经纪服务过程中的法律责任与义务。

保险销售人员的合规要求参照以上二级、一级合规要求。除了基本合规要求外，行业还对不同的业务条线另设有初、中、高三个级别的相关认证课程，但认证课程非强制性要求。

第四节　澳大利亚保险中介行业组织的地位及作用

一、澳大利亚保险中介行业组织概述

澳大利亚有两个独立的政府机构负责监管普通保险公司和再保险公司，分别是澳大利亚证券投资委员会（ASIC）和澳大利亚审慎监管局（APRA）。其中，ASIC 根据 1984 年《保险合同法》第 11A 条负责管理澳大利亚保险理事会（ICA）。澳大利亚普通保险公司、人寿保险公司和私人健康保险公司均由以上两个监管机构单独许可或授权，它们的活动受法律以及行业协会标准约束。

澳大利亚的保险业协会主要包括：澳大利亚保险理事会（ICA）、金融服务理事会（FSC）、国家保险经纪人协会（NIBA）、澳大利亚和

新西兰保险金融研究所（ANZIIF）、澳大利亚人寿保险和索赔协会（ALUCA）、澳大利亚财务顾问协会（AFA）、澳大利亚精算师协会（IAA）、合作运营研究与开发协会（ACORD）、澳大利亚特许损失理算师协会（AICLA）、澳大利亚私人医疗保健协会（PHA）等。

二、澳大利亚保险中介行业组织的负责事项

（一）澳大利亚保险理事会（ICA）

ICA 是澳大利亚普通保险业的代表机构，其成员约占私营部门普通保险公司总保费收入的 95%。保险理事会和再保险公司的保险理事会成员都是金融服务系统的重要组成部分。

ICA 成员提供的保险产品包括从个人通常购买的产品（如房屋和财产保险、旅行保险、机动车保险等）到小型企业和大型组织购买的产品（如产品和公共责任保险、专业赔偿保险、商业财产保险、董事和高级职员保险等）。

（二）国家保险经纪人协会（NIBA）

NIBA 是澳大利亚保险经纪行业的顶级组织，代表着澳大利亚各地约 360 家成员公司和 2000 多家个人合格执业保险经纪人，总计约占澳大利亚所有保险经纪人的 90%。NIBA 的成员公司都持有根据《2001 年公司法》由 ASIC 颁发的 AFS 牌照，成员包括大型跨国保险经纪人、大型澳大利亚保险经纪人，以及位于澳大利亚各地区的 300 多家中小型保险经纪公司。

自 1982 年以来，NIBA 一直是澳大利亚保险经纪行业变革的推动力。它支持金融服务改革，通过 NIBA 和其他教育提供者鼓励保险经纪人接受更高标准的教育，并为会员引入强有力的独立管理的保险经纪人行为守则。在国际上，NIBA 是亚太保险经纪人协会理事会和世界保险中介人联合会的成员。

（三）澳大利亚和新西兰保险金融研究所（ANZIIF）

ANZIIF 是亚太地区保险和金融服务行业的专业协会和教育机构。ANZIIF 成立于 1884 年，是该地区最古老的专业协会之一。ANZIIF 提供六个会员级别，包括学生会员、联盟会员、资格认证会员、联合认证会员、高级认证会员与合伙人会员，重点是为保险专业人员的整个职业生涯提供认证途径。

（四）澳大利亚人寿保险和索赔协会（ALUCA）

ALUCA 是一个专业协会，旨在提高从事人身保险和伤残保险索赔和承保工作的保险专业人员的知识和技能。通过提供专业发展认证和教育培训服务，发展和推广澳大利亚人寿保险专业人士的专业精神、道德操守和最佳实践标准。

（五）合作运营研究与开发协会（ACORD）

ACORD 是保险和相关金融服务行业的全球标准制定机构。ACORD 拥有通用保险和人寿保险的标准，自 2007 年以来，一直与澳大利亚保险业和新西兰保险业合作开发电子消息标准，以支持保险业务合作伙伴之间的无缝信息交换。

（六）澳大利亚财务顾问协会（AFA）

AFA 成立于 1946 年，是代表澳大利亚金融顾问及其客户的最古老的协会。协会由前寿险代理人组成，他们的业务主要是寿险产品。该协会是金融咨询行业的一部分，拥有超过 14000 名顾问，据 ISFA 的数据统计，涉及业务价值 55 亿澳元，资产总额达 5500 亿澳元。具有保险背景的 AFA 更多的是被视为一个行业协会。

（七）澳大利亚理财规划师协会（FPA）

作为澳大利亚领先的理财规划师专业协会，FPA 代表了公众和 13000 多名会员的利益。其成员将客户利益放在首位给予最佳的财务规划，并且提供给客户可信和透明的财务咨询。FPA 是澳大利亚唯一一家获准管理和提供注册理财规划师认证的机构，该认证是国际标准，也是全球理财规划师可获得的最高认证。

三、澳大利亚保险中介行业及从业人员信息档案管理

在澳大利亚保险中介市场上，从业人员的信息档案登记和除名制度比较明确，根据从业人员的情况进行区别是否要进行执业登记。其中，为零售客户提供关于某些特定产品的个性化建议的 AFS 牌照持有者，牌照持有者的授权代表、员工及高管是需要进行执业登记的；为客户提供非个性化建议，销售普通保险产品、信用保险或银行产品的中介机构或者人员则不需要执业登记。当 AFS 持有机构解聘 Financial Advisor 的，需要在 30 个工作日内在 ASIC 系统中注销其执业登记信息。

第五节　澳大利亚保险中介领域创新发展

一、互联网科技在澳大利亚保险中介领域的应用

（一）保险中介运用互联网科技情况

澳大利亚安永会计师事务所 2020 年 7 月发布报告，对澳大利亚保险技术生态系统的第三次年度调查发现，尽管老牌保险公司与保险科技公司之间的合作伙伴关系日益普遍，目前 80% 的保险公司正在与保险技术公司合作，但大多数仍在小规模范围内发展，只针对单个问题的特定解决方案业务。

报告显示，目前有 63% 的保险公司与 1—3 家保险技术公司建立了

现有的合作伙伴关系，但只有 14% 的保险公司与 5 家或更多的保险公司建立了伙伴关系。保险公司正在寻求增加保险技术合作伙伴的数量，以拓宽其数字生态系统并将保险技术在整个价值链中的使用范围扩大。新的保险技术可以为建立这些连接提供捷径，并支持从旧到新的分销渠道的过渡，而无须完全取代核心的旧系统。

澳大利亚保险经纪人普遍认为，改进的平台和对第三方产品的访问权比提供有竞争力的佣金更重要，并且改进的数字工具（如客户关系管理、佣金管理等）受到高度重视。保险公司应提供更好地在线访问体验和科技工具以改善他们的用户体验，支持他们的客户和业务。有超过 2/3 的经纪人在寻求更多对销售业务和为保单持有人提供服务的技术支持。

当前如机器人流程自动化（RPA）等最新进展，使数字化后台和服务运营的商业案例更具吸引力。RPA 可以跨旧系统进行部署，以经济高效地创建模拟现有任务的人工执行的软件机器人虚拟劳动力，可以避免在传统系统和流程更改中花费时间和金钱。例如，软件机器人非常适合执行频繁的保险流程，如索赔核实和提出要求，并自动向第三方发出邮件。

（二）保险销售运用保险科技的具体方式

1. 用户可参与的数字平台

保险科技开发了具有强大的客户参与能力的数字平台，使现有企业能够快速定义，构建产品并将其投放到新市场。这些服务平台使保险公司、经纪人和零售商等新进入者改善传统保险产品的客户体验，或迅速将新产品推向市场。

2. 营销和分销

保险科技正在帮助现有公司通过新的渠道和媒介来分发他们的产品，并在适当的时间和适当的媒介将产品提供给客户。这些渠道在虚拟助手的支持下以及在机器学习的支持下，可以实现高效的交叉销售和向上销售，并消除客户获取过程中的摩擦成本。

3. 定价和承销

保险科技正在开发复杂的分析和建模平台，以整合和聚合内部和外部数据源，包括社交媒体和 IoT 传感器。将此数据与精算科学功能相结合，可以改善承保范围，以支持新产品或增强产品的灵活定价。

二、保险科技应用在澳大利亚保险中介领域的监管要求

（一）监管沙盒

澳大利亚证券投资委员会（ASIC）模仿英国的“监管沙盒”（Regulatory Sandbox），建立了一个创新中心，通过尽早与金融科技创新者合作并帮助新进入者了解监管要求来减轻风险，无论是监管沙盒还是创新中心都旨在协助新的市场进入，从而鼓励市场上的竞争和创新，最终使消费者受益。

（二）对在线渠道销售产品的特殊规定

《2001 年公司法》及其法规包含有关在线销售产品的特定要求。关于产品披露和金融服务指南的《2001 年公司法》通常要求仍然适用。在销售之时或之前，仍必须对产品进行完整的产品披露。如果产品是在线发布的，则必须以电子形式提供产品披露。此外，关于数据安全，APRA 还发布了审慎性实践指南“CPG234 信息和信息技术安全风险管理”，其中详细介绍了保险公司希望采取的措施，以最大限度地降低在线风险和技术风险。这些保护的示例包括加密以及使用密钥或三重分组算法来保护信息的真实性并防止未经授权的数据更改。使用电子支付工具购买产品的客户受 ASIC 监管的电子支付代码的保护。

总　结

随着亚洲发展中国家资产规模的快速扩张，亚太地区保险需求呈现快速增长，业务结构的变化和保险科技的发展也为保险业务的监管带来了许多新挑战。亚太地区三个典型国家的保险中介市场模式存在一定差异，各自依据自身的中介渠道业务模式建立了相适应的中介监管体系。

日本保险中介市场是一种以保险代理人为主体、以保险经纪人和保险公估人为补充的体系。实行行政立法管理和行业自律相结合的保险中介监管制度，其保险中介监管工作主要由日本金融厅负责，具备一个在《保险业法》框架下，由《保险业法施行令》《保险业法施行规则》《保险公司监管综合指引》和《保险公司检查手册》等的相关法规和附属法规共同组成的保险中介监管制度和体系。

新加坡保险中介渠道包括保险代理人和保险经纪人，因为对保险业的监管较早、其监管体系也相对完善，MAS以期极高的独立性和权威性，对新加坡的金融业保险业进行监管。新加坡保险经纪人相关事务的监管主要由MAS下属的保险部负责，保险代理人的监管主要由GIA负责。新加坡已建立起一套由《保险法》《保险中介监管规定》《保险经纪及其经纪人员的最低从业标准及持续专业发展》《财务顾问法》等构成的较为完善的保险中介监管法律体系。

澳大利亚保险中介包含保险代理人、保险经纪人、损失理算人和核保代理人。澳大利亚审慎监管局下设的保险部负责对所有持牌普通保险公司、人寿公司和友好协会以及私人健康保险组织进行审慎监管。澳大利亚证券投资委员会则负责对澳大利亚金融体系、各金融机构及从业人员的任职资格和业务行为进行监管。澳大利亚通过《2001 年公司法》《金融服务改革法》《澳洲未来财务咨询服务法》等一系列配套法规对保险中介市场业务进行规范。

中国篇

2020年5月8日，博鳌亚洲论坛线上发布了《亚洲经济展望与一体化进程2020报告》，中国经济总量占世界经济比重近16%，外汇储备连续13年稳居世界第一。亚洲现在对全球经济增长的贡献率为60%，其中仅中国的贡献率就高达30%。如今，中国GDP增速也连续14年超越美国，成为对全球经济贡献率最高的国家，未来中国的经济发展也将继续强劲。

过去40多年，得益于经济和社会的高速发展，中国保险市场也同步发展。2017年，中国超过日本成为世界上第二大保险市场。2018年，全球直接保费首次突破5万亿美元大关，达5.193万亿美元，占全球GDP的6.1%。2020年，中国保险业保费规模达8000亿美元，保险业总资产达22.43万亿元，保险资金运用余额达20.7万亿元，保险资金投资A股达2.68万亿元，在资本市场发展浪潮中，保险业是重要的贡献者之一。

保险中介是保险交易活动的重要桥梁和纽带。改革开放以来，中国保险中介从无到有、从小到大、从弱到强，形成了形态完备、功能互补、服务多样、覆盖广泛、与国际接轨的市场体系。呈现出销售渠道多元化、专业主体职业化、社会效益显著化、金融服务综合化的特点。截至2019年末，专业代理机构1771家，保险经纪机构496家，保险公估机构397家；保险兼业代理机构3.2万家；保险中介从业人员超过1200

万人。

在整个中国保险市场中，中国台湾地区的保险深度、保险密度相对领先，中国香港保险市场是发展历史相对悠久的区域市场，中国内地保险市场是目前发展潜力最大的新兴市场。接下来，本篇选取中国保险中介市场这三个重要组成部分展开分析。

第八章　中国台湾地区保险中介市场监管研究

第一节　中国台湾地区保险中介的组织类型及发展情况

一、中国台湾地区保险中介的定义范畴

中国台湾地区保险中介包括保险代理人、保险经纪人以及保险公证人。

（一）保险代理人

保险代理人是指根据代理合同或授权书，向保险人收取费用，并代理经营业务的人。保险代理人有法人和自然人两种形式，按照代理业务的不同又分为财产保险代理人和人身保险代理人。中国台湾地区没有兼业代理机构，银行、券商、车商等机构如果要销售保险产品，需要自己投资设立代理或经纪公司，也可以与代理或经纪公司合作。

（二）保险经纪人

保险经纪人是指基于被保险人的利益，签订保险合同或提供相关服务，而收取佣金或报酬的人。中国台湾地区保险经纪人分为自然人和法人两种。保险经纪人管理规则修正条文规定，个人执业经纪人是指以个人名义执行保险经纪业务的人；经纪人公司是指以公司组织经营保险经

纪业务的公司。根据业务性质不同，中国台湾地区保险经纪人分为财产保险经纪人和人身保险经纪人。

（三）保险公证人

保险公证人是指向保险人或被保险人收取费用，为其办理保险标的查勘、鉴定、估价和赔款理算的人。中国台湾地区保险公证人可分为普通保险公证人、海事保险公证人和一般及海事保险公证人三种。

二、中国台湾地区保险销售的中介渠道

中国台湾地区保险销售渠道包括直销、互联网渠道以及中介渠道，中介渠道可分为代理人渠道和经纪人渠道。中国台湾地区保险市场大部分保费收入来自保险代理人和保险经纪人，保险中介渠道销售的保费收入占总保费收入的比例约80%。

早期中国台湾地区保险销售渠道以代理人为主，财产保险销售份额远高于人身保险。近年来，随着人身险业务的发展和保险经纪公司的崛起，财产保险保费收入占比相对人身保险保费收入占比在逐渐下降，保险代理人渠道销售的保费份额在逐渐下降，经纪人渠道销售的保费份额在逐渐上升。

三、中国台湾地区保险中介市场的发展现状

中国台湾地区的保险深度、密度位居世界前列，2018 年保险深度为20.9%（全球平均5.9%）、保险密度为5161 美元/人（全球平均663 美元/人）[①]。保险中介市场以保险代理为主，以保险经纪为辅，根据险种而选择不同的代理制，寿险大多是个人代理，非寿险一般是公司代理，保险公估在中国台湾地区的普及程度相对有限。

① 《国内外保险中介行业对比》，中信建投研究所。

截至2018年末，中国台湾地区共有476家保险经纪机构，有保险业务员12.11万人，其中人身险7.25万人，财产险4.86万人；保险代理机构总计277家，其中人身险84家，财产险193家；业务员合计6.77万人，其中人身险2.04万人，财产险4.72万人。中国台湾地区最具规模的保险经纪公司永达保险经纪注资设立的永达理保险经纪在北京市、上海市、深圳市、广东省等城市设立了17家分公司。分险种看，人身险业务销售渠道以营销员为主，但占比略有下降趋势，2018年保费收入占比54%，代理人渠道保费收入占比持续上升2018年为29.1%，经纪渠道占比15.3%。根据中国台湾财团法人保险事业发展中心披露的数据，2018年财险业务中保险代理人和经纪人渠道合计市占率约为45%，来自中介机构的保费占比高于人身险业务，其中代理人渠道为31%，经纪人渠道为14%[①]。

随着中国台湾地区保险中介市场的不断成熟，其市场结构趋于合理化，逐渐由原来的保险代理业务为主、保险经纪业务为辅的运作模式转变为保险代理业务与保险经纪业务齐头并进的运作模式。此外，中国台湾地区逐渐形成由保险公司设计生产保险产品、专业中介机构销售产品的产销分离运作趋势，大大提高了中国台湾地区保险市场的效率，中国台湾地区保险市场发达也得益于中介市场的高效，尤其是专业保险中介机构能最大限度地消除保险当事人双方信息不对称的问题。

第二节　中国台湾地区保险中介监管体系及法律法规

一、中国台湾地区保险中介监管体系介绍

中国台湾地区保险中介采取政府监管为主，行业自律为辅的分层监

---

① 《国内外保险中介行业对比》，中信建投研究所。

管机制。保险局负责对保险代理人、经纪人与公证人业务的监督，对保险中介人进行登记，管理其日常经营行为。中介行业组织制定行业规则和自律条例，规范中介机构业务，审查从业资格，约束职业道德。通过建立信息档案库对中介活动进行记录，并接受社会公众监督。实行投资风险提示制度，设置保险中介市场退出机制，使市场主体的竞争力不断提高，更好地维护投保人的权益。

二、中国台湾地区保险中介监管机构和职能

中国台湾地区保险业监管工作主要由金融监督管理委员会下设的保险局和检查局开展。

（一）金融监督管理委员会

金融监督管理委员会是中国台湾地区监督与管理金融事务及规划金融政策的部门，综合管理金融市场和金融服务业的发展、监督、管理及检查业务，并以健全金融机构业务经营、维持金融稳定及促进金融市场发展为宗旨，下设检查局、保险局、证券期货局和银行局，组织架构见图 8－1。

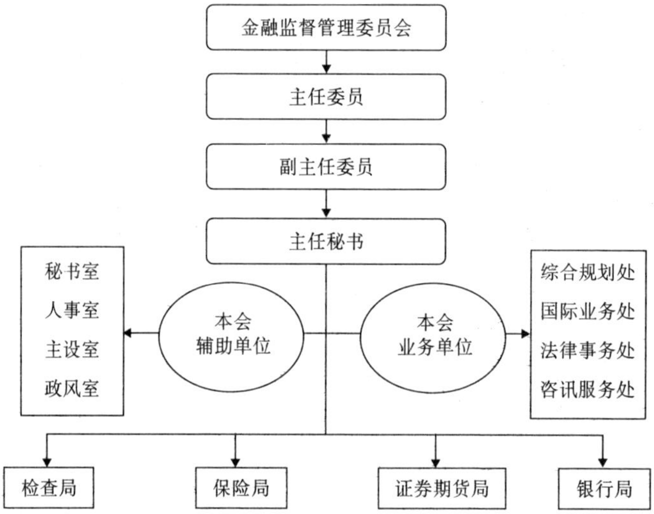

图 8－1　金融监督管理委员会的组织结构

金融监督管理委员会的职能包括三方面：一是维持金融稳定，推动绿色金融和普惠金融的发展，鼓励金融科技和金融创新的应用，以金融协助产业发展；二是促进保险资金在公共建设和社会福利部门的投资和多元化保险险种发展，促进多元保险保障，发挥保险安定人心的功能；三是加强对洗钱的控制，通过评级方式实施监管，为遵守规定且风险管理良好的保险公司提供更多发展空间，强化公司治理和金融监理，健全资本和保险市场发展。

（二）保险局

保险局共设置局长一人、副局长二人及主任秘书一人，下设人事室、秘书室、主设室、政风室、综合监理组、寿险监理组、财产险监理组和财务监理组，其中保险中介业务的监督管理由综合监理组负责，组织架构见图 8－2。

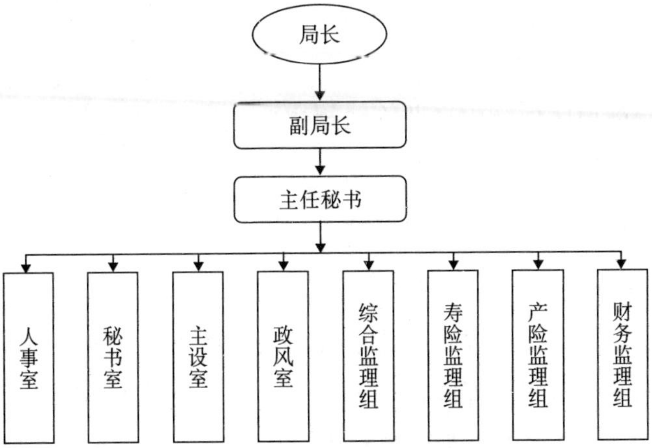

图 8－2　保险局的组织结构

保险局主要部门职能包括：

（1）综合监理组负责保险监理政策、消费者保护、国际与两岸保险事务及保险代理人、经纪人与公证人等业务的监督和管理、保险犯罪和保险教育。同时，对被投诉的保险公司进行审计，对新法规项下要求经纪公司建立内部审计职能和设立合规官的执行情况进行年度检查。

（2）寿险监理组负责人身保险财务业务监理、人身保险业股权管理与合并的监督及管理、劳工退休金制度、新型险种的推动及管理、销售渠道及保险争议处理等业务的监督和管理。

（3）产险监理组负责强制汽车责任保险、灾害保险、财产保险、保险业公司治理、财产保险产品及保险业集团监理等业务的监督及管理。

（4）财务监理组负责保险精算相关制度、准备金与偿付能力制度、会计与财务报告制度、资金运用制度、退场机制、保险业风险管理制度和预警系统管理，并具有处罚权。

（三）检查局

检查局负责现场检查，并将检查结果分别交银行局、证券局和保险局处理，实现查处分离。

三、中国台湾地区保险中介监管法律法规

中国台湾地区保险中介监管法规主要包括《保险法》《保险代理人管理规则》《保险经纪人管理规则》《保险公证人管理规则》以及《缴存保证金及投保相关保险办法》等。

（一）保险法

第一章第一节对保险代理人、保险经纪人和保险公证人作出定义。第一章第四节规定了对保险代理人、经纪人、公证人和同业公会的具体监管细则：第 163 条规定保险经纪人、代理人、公证人若未向主管机关登记、缴存保证金或投保责任保险则不得执业；第 164 条规定保险代理人、经纪人、公证人应缴存保证金或投保责任保险的保险金额由主管机关规定；第 165 条规定保险代理人、经纪人、公证人应有固定业务处所与记载业务收支的专设账簿；未加入同业公会的保险代理人、经纪人、公证人公司不得营业，且同业公会非有正当理由，不得拒绝其加入或就其加入附加不当条件；附则规定由主管机关制定保险代理人、经纪人、

公证人及保险业务员的资格取得、登记、撤销登记、教育培训、惩处及其他事项的管理规则。

（二）保险代理人管理规则

包含通则、资格条件、执业登记及执业证照取得、教育培训、外国代理人、代理人管理和附则共七章内容。第一章对个人代理人、代理人公司和银行进行了界定和分类；第二章规定了个人代理人、代理人公司及银行所聘代理人的任职资格与不得充当代理人公司负责人的19种情况；第三章规定个人代理人、代理人公司和代理银行执业证照取得条件和执业登记所需文件资料，代理人公司董事长、总经理及监察人的任命与变更条件；第四章规定个人代理人、代理人公司及银行任用的代理人应于申请执业前一年内参加达32小时以上的职前教育培训，并在测试合格后，于执业证照有效期间每年平均参加16小时以上的在职教育培训；第五章规定了个人执业代理人、代理人公司及银行经营保险代理业务时的重要权利与义务；第六章规定了外国代理人机构在中国台湾地区设立分公司和开展保险代理业务应具备的条件。

（三）保险经纪人管理规则

包含通则、资格条件、执业登记及执业证照取得、教育培训、外国经纪人、经纪人管理和附则共七章内容。第一章对个人经纪人、经纪人公司和银行作出定义；第二章规定了个人经纪人、经纪人公司和银行所聘经纪人的任职资格；第三章规定个人经纪人、经纪人公司及银行执业登记条件，取得执业证照所需文件，经营业务种类，停止营业条件，公司总经理、董事长、监察人的任命与变更条件，申请保险经纪和再保险经纪业务的最低实收资本，用于经纪业务的专项营运资金；第四章规定了经纪人职前与在职教育培训内容；第五章规定了个人经纪人、经纪人公司及银行经营保险经纪与再保险经纪业务以及经纪人展业时应遵循规范和应尽职责；第六章规定了外国经纪人机构在中国台湾地区设立分公司及经营保险经纪业务的条件。

（四）保险公证人管理规则

包含通则、资格条件、执业登记及执业证照取得、教育培训、外国公证人、公证人管理和附则共七章内容。第一章对个人公证人、公证人公司和银行进行定义和分类；第二章规定了个人公证人、公证人公司和银行所聘公证人的任职资格；第三章规定公证人公司总经理、董事长、监察人和分公司经理人的任命与变更要求，申请经营公证业务的最低实收资本额，保证金缴存，停业、复业及解散情况；第四章规定了公证人职前与在职教育培训内容；第五章对公证人公司营业场所与账簿设置，在国内外设立分公司条件，保证金缴存及专业责任保险投保要求予以规定；第六章规定外国公证人机构在中国台湾地区申请设立分公司和经营保险公证业务的条件。

（五）《缴存保证金及投保相关保险办法》

共 11 项条款，适用于所有在中国台湾地区经营保险中介业务的个人与机构。保险代理人、经纪人及公证人获得营业许可后，应以现金或中央政府发行的无实体公债缴存保证金及投保专业责任保险，并向主管机关申请核发执业证照和向所属公会报备。此外，保险经纪人应投保保证保险，保险金额采取单一总限额制。

第三节　中国台湾地区保险中介的准入政策及市场行为监管

一、中国台湾地区保险中介机构市场准入及退出规则

（一）保险代理人

《保险代理人管理规则》规定：代理人公司申请经营保险代理业

务，最低实收资本额为新台币 500 万元；银行从事保险代理要求银行应拨付新台币 3000 万元以上作为营运资金，且须专款经营，不得用于非保险代理业务；发起人及股东的出资以现金为限，同时需要提交职前教育培训证明、申请书、身份证明、营业计划书、公司章程等十余项证明文件。

《保险代理人管理规则》规定：

（1）个人执业代理人、代理人公司及银行应自登记日起 6 个月内，向主管机关申请核发执业证照并开始经营业务，如期未申请的许可废止。

（2）个人执业代理人、代理人公司及银行任用代理人的执业证照有效期为 5 年，应于期满前办妥换发执业证照手续，未办妥前不得执行业务。

（3）个人执业代理人停止执行业务，应于事实发生后 15 日内向主管机关申报并缴销执业证照。

（二）保险经纪人

《保险经纪人管理规则》规定：经纪人公司申请经营保险经纪业务，最低实收资本额为新台币 500 万元；申请经营再保险经纪业务，最低实收资本额为新台币 1000 万元；银行从事保险经纪要求银行应拨款新台币 3000 万元以上作为营运资金，且须专款经营，不得用于非保险经纪业务；发起人及股东的出资以现金为限，同时需要提交申请书、身份证明、营业计划书、公司章程等十余项证明文件。

《保险经纪人管理规则》规定：

（1）个人执业经纪人、经纪人公司及银行应自登记日起 6 个月内，向主管机关申请核发执业证照并开始经营业务，如期未申请的许可废止。

（2）个人执业经纪人、经纪人公司及银行任用经纪人的执业证照有效期为 5 年，应于期满前办妥换发执业证照手续，未办妥前不得执行业务。

（3）个人执业经纪人停止执行业务，应于事实发生后 15 日内向主管机关申报并缴销执业证照。

（三）保险公证人

《保险公证人管理规则》规定：申请经营公证人业务最低实收资本新台币 200 万元；如果发起人及股东的出资以现金为限还需提交申请书、资格条件证明、职前教育培训证明、身份证明、营业计划书等十余项证明文件。

《保险公证人管理规则》规定：

（1）公证人应自登记日起 6 个月内，向主管机关申请核发执业证照并开始经营业务，如期未申请的许可废止。

（2）个人执业公证人停止执行业务，应在事发后 15 日内向主管机关申报并缴销执业证照。

（3）公证人公司申请停业，应缴销所任用公证人的执业证照，申请解散者，应缴销所任用公证人的执业证照及公司执业证照。

二、中国台湾地区保险中介机构高管任职资格

《保险代理人管理规则》《保险经纪人管理规则》《保险公证人管理规则》规定，保险代理人、经纪人、公证人公司的总经理应具备下列资格之一：

（1）具有专科以上学历，并具有保险公司、保险合作社、保险经纪人公司、代理人公司或保险公证人公司工作经验 5 年以上，代理人、经纪人公司总经理还需具备同类保险业务员或代理人或保险经纪人资格。

（2）具有专科以上学历，并曾担任代理人、经纪人或公证人之签署工作 5 年以上。

（3）有其他事实足资证明具备保险专业能力，可有效经营保险代

理、经纪或公证人业务，代理人、经纪人公司总经理还要求具备同类保险业务员或代理人或保险经纪人资格。上述总经理的委任或解任应依法向公司登记主管机关办理经理人登记。

代理人、经纪人、公证人公司的董事长，1/3 以上董事及监察人，与业务有关的副总经理、分公司经理人或其职责相当之人应具备下列资格之一：

（1）具有专科以上学历，并具有保险公司、保险合作社、保险经纪人公司、代理人公司或保险公证人公司工作经验 3 年以上。

（2）具有专科以上学历，并曾担任代理人、经纪人或公证人签署工作 2 年以上。

（3）有其他事实足资证明具备保险专业能力，可有效经营保险代理、经纪或公证人业务。

保险代理人、经纪人公司与业务有关的副总经理、分公司经理人或其职责相当之人，还应具备同类保险业务员或代理人或保险经纪人资格。

保险经纪人公司负责办理再保险经纪业务的主管，应具有专科以上学历，并拥有再保险业务 3 年以上的工作经验。

三、中国台湾地区保险中介机构的日常监管

（一）经营规则

《保险代理人管理规则》规定：

（1）中国台湾地区保险代理人分为个人执业代理人、代理人公司、银行兼业代理三种类型。

（2）银行向主管机关申请兼营保险代理业务，须设置专责部门经营业务，且其营业及会计必须独立核算。

（3）个人执业代理人、代理人公司及银行与同一保险业为执行或

经营保险代理业务往来所产生的佣金、费用及成本，应设置单一金融机构账户进行记录。

（4）个人执业代理人、代理人公司及银行经主管机关许可登记后，应加入代理人商业同业公会；代理人商业同业公会应在其网站公开揭露所属会员名称、资本额、营业所在地、保证金、投保专业责任保险、往来保险业名称及其他主管机关规定事项。

（5）代理人公司代理核保、理赔业务的，应经主管机关核准及保险业授权，其核保及理赔人员，应符合保险业招揽及核保理赔办法规定。

（6）个人执业代理人、代理人公司及银行代收投保人缴纳的保险费，应直接总额解缴保险业；且个人执业代理人、代理人公司及银行不得以自己名义开立票据解缴保险业。

《保险经纪人管理规则》规定：

（1）中国台湾地区保险经纪人分为个人执业经纪人、经纪人公司、银行兼业经纪三种类型。

（2）银行向主管机关申请兼营保险经纪业务，应设置专责部门经营业务，且其营业及会计必须独立。

（3）个人执业经纪人、经纪人公司及银行与同一保险业为执行或经营保险经纪业务往来所产生的佣金、费用及成本，应以单一金融机构账户进行记录。

（4）个人执业经纪人、经纪人公司及银行经主管机关许可登记后，经纪人公司及银行应加入经纪人商业同业公会，个人执业经纪人应加入经纪人公会；经纪人商业同业公会或经纪人公会应在其网站公开揭露所属会员名称、资本额、营业所在地、保证金、投保责任保险、保证保险及其他主管机关规定事项。

《保险公证人管理规则》规定：

（1）中国台湾地区保险公证人分为个人执业公证人和公证人公司

两种类型。

（2）公证人不得为其本身利益及有利害关系的委托人执行公证业务。

（3）公证人执行业务，非经委托人书面同意，不得委托其他公证人执行。

（4）公证人执行公证业务，应保存公证报告，供主管机关查阅。

（二）数据报送

《保险代理人管理规则》规定：

（1）个人执业代理人、代理人公司及银行应专设账簿记录业务收支，并在规定期限内将各类业务报表汇报主管机关或其指定机构。

（2）主管机关随时派人员检查个人执业代理人、代理人公司及兼业银行的营业及资产负债，或令其在规定限期内报告营业状况。

（3）个人执业代理人、代理人公司及银行对主管机关的检查意见或查核缺失事项，应及时办理改善，并应持续追踪复查，其办理情形应在主管机关规定的期限内报送主管机关。

（4）代理人公司及银行并应将其追踪考核改善办理情形以书面提报董事会及交付各监察人或审计委员会查阅。

《保险经纪人管理规则》规定：

（1）个人执业经纪人、经纪人公司及银行应专设账簿记录业务收支，并在规定期限内将各类业务报表汇报主管机关或其指定机构。

（2）主管机关随时派人员检查个人执业经纪人、经纪人公司或银行经纪的营业及资产负债，或令其于规定限期内报告营业状况。

（3）个人执业经纪人、经纪人公司及银行对主管机关的检查意见或查核缺失事项，应确实办理改善，并应持续追踪复查，其办理情形应于主管机关规定的期限内报送主管机关。

（4）经纪人公司及银行应将其追踪考核改善办理情形以书面提报董事会及交付各监察人或审计委员会查阅。

《保险公证人管理规则》规定：

（1）公证人应专设账簿记录业务收支，并在规定期限内将各类业务报表汇报主管机关或其指定机构。

（2）主管机关随时派人员检查公证人的营业及资产负债，或令其在规定限期内报告营业状况。

（3）公证人对主管机关的检查意见或查核缺失事项，应确实办理改善，并应持续追踪复查，其办理情形应于主管机关规定的期限内报送主管机关。

（4）公证人公司应将其追踪考核改善办理情形以书面提报董事会及交付各监察人或审计委员会查阅。

四、中国台湾地区保险中介从业人员资质管理和行业监管

（一）资质管理

《保险代理人管理规则》规定，个人执业代理人、受代理人公司或银行任用的代理人应具备下列资格之一：

（1）经专门职业及技术人员保险代理人考试及格。

（2）曾应主管机关举办的代理人资格测验合格。

（3）曾领有代理人执业证照并执业有案。

具备前项第（3）款资格的，以执行同类业务为限。

《保险经纪人管理规则》规定，个人执业经纪人、受经纪人公司或银行任用的经纪人应具备下列资格之一：

（1）经专门职业及技术人员保险经纪人考试及格。

（2）曾应主管机关举办的经纪人资格测验合格。

（3）曾领有经纪人执业证书并执业有案。

具备前项第（3）款资格的，以执行同类业务为限。

《保险公证人管理规则》规定，公证人应具有下列资格之一：

（1）经专门职业及技术人员保险公证人考试及格。

（2）曾应主管机关举办的公证人资格测验合格。

（3）曾领有公证人执业证照并执业有案。

（4）具有专门职业及技术人员技师考试及格证明文件，并执行业务5年以上。

（5）曾任总吨位1万吨以上船舶船长5年以上。

（6）领有经主管机关认可的外国海事公证人执业证照或证明文件。

具备上述第（3）款资格的，以执行同类业务为限；具备上述第（4）款资格的，仅得执行与其本业有关的公证人业务；具备上述第（5）款、第（6）款资格的，仅得执行海事公证人业务。

（二）执业登记

《保险代理人管理规则》规定，具备本规则所定代理人资格且无第六条第三项（曾犯伪造货币、伪造有价证券、侵占、诈欺、背信罪被判处有期徒刑）及第四十九条第二十七款（任职于保险业、有关公会现职人员或登记的保险业务员）规定的事情者，得以个人名义、受代理人公司或银行任用于取得执业证照后执行业务。代理人公司及银行应任用至少一名代理人担任签署工作，并向主管机关办理许可登记。依规定办理许可登记后，应依法向公司登记主管机关办理登记。个人执业代理人、受代理人公司或银行任用的代理人，不得同时为其他代理人公司、保险经纪人公司、保险公证人公司或银行担任签署工作。

《保险经纪人管理规则》规定，具备本规则所定经纪人资格且无第六条第三项（曾犯伪造货币、伪造有价证券、侵占、诈欺、背信罪被判处有期徒刑）及第四十九条第二十六款（任职于保险业、有关公会现职人员或登记的保险业务员）规定的事情者，得以个人名义、受经纪人公司或银行任用于取得执业证照后执行业务。经纪人公司及银行应任用至少一名经纪人担任签署工作，并向主管机关办理许可登记。依规定办理许可登记后，应依法向公司登记主管机关办理登记。个人执业经纪人、受经纪人公司或银行任用的经纪人，不得同时为其他经纪人公司、保险代理人公司、保险公证人公司或银行担任签署工作。

《保险公证人管理规则》规定，具备本规则所定公证人资格的，得以个人名义或受公证人公司任用于取得执业证照后执行业务。公证人公司应任用至少一名公证人担任签署工作，并向主管机关办理许可登记。每一公证人不得同时为两家以上公司担任签署工作。

（三）行业监管要求

《保险代理人管理规则》规定：

（1）个人执业代理人、代理人公司及银行在执行或经营业务时，应尽管理人的责任，确保已向投保人就所代理销售的保险产品的主要内容与重要权利义务全面说明并充分披露信息，确保其作业程序及内容已遵循相关法令规定，并将有关文件留存建档备供查阅。

（2）代理人公司及银行经营保险代理业务，应依主管机关规定制定其内部作业规范，并落实执行，以确保其作业程序及内容已遵循相关法令规定。

《保险经纪人管理规则》规定：

（1）个人执业经纪人、经纪人公司及银行在执行或经营业务时，应尽管理人义务及忠实义务，维护被保险人利益，确保已向被保险人就商订的保险产品的主要内容与重要权利义务全面说明并充分披露信息。

（2）个人执业经纪人、经纪人公司及银行执行或经营保险经纪业务，应将有关文件留存建档备供查阅。

（3）经纪人公司及银行经营保险经纪业务，应依主管机关规定制定其内部作业规范，并落实执行，以确保其作业程序及内容已遵循相关法令规定。

（4）经纪人为被保险人商订保险合同前，应依主管机关规定的适用范围及内容提供书面报告，在事前明确告知投保人或被保险人报酬收取标准。

（5）经纪人公司及银行将文件送交保险业完成核保作业前，应对投保人进行电话访问，以确保了解投保人的需求、商品或服务的适合度，及保险业务员已充分说明合同重要内容并揭露风险。

《保险公证人管理规则》规定：

（1）公证人执行业务，应于公证报告及其他有关文件签署，并依法负相关责任。

（2）公证人执行业务应独立公正，应兼顾保险人及被保险人双方的利益并应遵守诚实信用原则，就受托业务负有如实查勘、核保的义务，不得有不正当行为或违反其职务上应尽的义务。

五、中国台湾地区保险公司对中介机构及人员的管控责任

保险公司需与保险代理人签订合约并每年度进行考核，依据《保险业与保险代理人合约范本》规定，保险公司对保险代理人员的管控责任要求主要包括以下几点：

（1）保险代理人应依合约及中国台湾地区相关法令的规定为保险产品的招揽提供相关服务。

（2）代理人应依保险公司有关保险产品的作业规定及核保准则招揽保险合同。代理人所招揽的各保险合同，其承保与否，保险公司拥有最后决定权，代理人及所属人员不得代替保险人给予投保人任何承诺。

（3）代理人代理保险业务，不得变更保险产品的价格及内容。

（4）代理人执行代理业务，须事先获得保险公司同意且须于本合约目的范围内使用。

（5）代理人应依法聘任具有保险业务员证照的人员从事招揽行为，并监督从业人员遵守有关法令规定，不得有任何侵害保险人或保户权益

的行为。

（6）代理人经营或执行业务时，确保已向保户就所招揽的保险产品的主要内容与重要权利义务全面说明并充分披露信息，确保其作业程序及内容已遵循相关法令规定，并与有关文件签署及留存建档备供查阅。

（7）代理人应按合约所载的范围，保存招揽、收费或签单、批改、理赔及合同终止等文件副本。

（8）代理人应依人身保险业通报作业实施要点将应通报资料传送给保险人，并于前述要点所规范的时间内完成应通报资料的传送并确保应通报资料正确。

（9）代理人受托收取的汽车保险费，应于收取之日起 1 个月内上缴至保险人账户；已出单者一律不得注销，但以支票缴费未兑现者，不在此限。

第四节　中国台湾地区保险中介行业组织的地位及作用

一、中国台湾地区保险中介行业组织概述

中国台湾地区共有六个保险中介行业组织，包括保险代理人商业同业公会、保险经纪人商业同业公会、保险经纪人协会、保险经纪人公会、台北市公证商业同业公会和高雄市公证商业同业公会，见图 8－3。

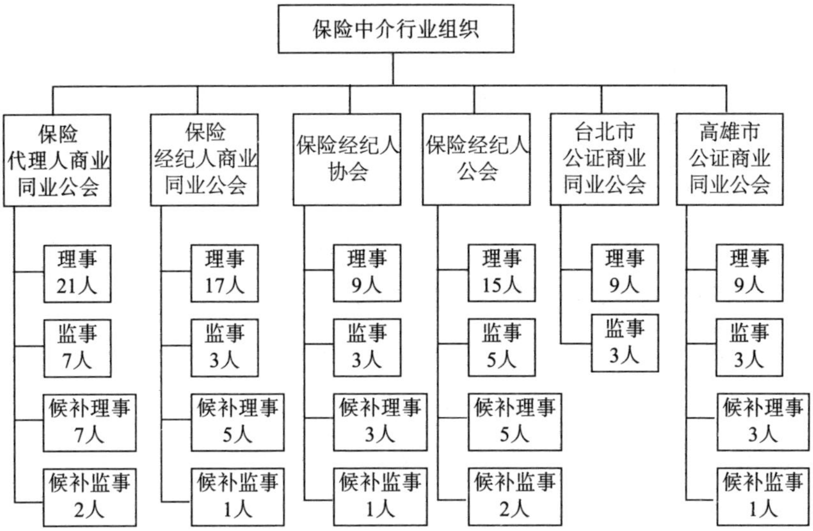

图8－3　保险中介行业组织架构图

保险代理人行业组织只有一个，而保险经纪人有三个行业组织，其原因可能有以下两点：一是中国台湾地区中介逐渐由原来的保险代理业务为主、保险经纪业务为辅的运作模式转变为保险代理业务与保险经纪业务齐头并进的运作模式；二是保险经纪人作为投保人的代理人，为投保人维护及争取权益，可以更好地保护消费者权益。此外，保险公证人的两个行业组织，是按照主要城市进行分割，对各自区域分别进行管理。

二、中国台湾地区保险中介行业组织的负责事项

（一）保险代理人商业同业公会

保险代理人商业同业公会的设立宗旨是以研究保险事业发展、保障同业合法权益，开拓保险市场、协助政府推行政令，促进同业与保险公司及客户的共同利益，安定人民生活，增进社会大众福祉，具体负责事项如下：有关同业代理人执业证书事项；有关同业代理人执业保证金事

项；有关同业代理人在职及职前教育培训事项；同业公司保险业务员登录事项；专门职业保险代理人资格考试、义务协助同业创业、提供就业机会等其他服务事项。

（二）保险经纪人商业同业公会

保险经纪人商业同业公会为维护及争取会员权益、落实产业发展，有效推动业务，共设置发展、教育培训、法规、资讯、再保险、银行及证券、人寿保险、财产保险八个委员会。保险经纪人商业同业公会的设立宗旨是配合政府政策，协助执行政令、发展保险经纪事业，协调、维护同业共同权益，服务精神，促进国家社会安全。同时，公会还提供经纪人申请指导、行业规范制定、经纪人职业培训、劳资纠纷调解等服务工作。

（三）保险经纪人协会

保险经纪人协会为依法设立、非以营利为目的的社会团体，具体负责事项如下：研究保险事业的发展并将研究所得向政府及相关保险商业同业公会建议；维护及增进会员共同利益；与保险经纪人商业同业公会及其所属会员公司密切合作，推广保险业务保障社会安全；切实遵守政府委办事项；督促会员切实遵守政府颁布有关保险的法令；提升会员专业知识、推动执行教育培训计划、增进产业竞争力、促进国际合作；协助会员建立电子化资讯平台，以提升竞争力；维护保险市场秩序，保障消费者权益；其他有关本会成立宗旨的事项。

（四）保险经纪人公会

保险经纪人公会为依法设立、非以营利为目的的职业团体，具体负责事项如下：研究保险事业的发展并将研究所得向主管机关及保险商业同业公会建议；维护及增进会员共同利益；与保险商业同业公会及其所属会员公司密切合作，推广保险业务保障社会安全；切实遵守政府委办事项；督促会员切实遵守政府颁布有关保险的法令；受托或委托他人进行研究计划或教育培训；会员委托证照的申领、变更、换发及其他服务事项；其他有关本会组织宗旨的事项。

台北市公证商业同业公会是以推广国内外贸易，促进经济发展协调同业关系，增进共同利益为宗旨。高雄市公证商业同业公会的运作采用会员代表制，以会员公司的名义参加公会组织，为业务的实际需要，彼此交流沟通交换意见，或向有关单位争取业者间应有的权益。

三、中国台湾地区保险中介行业及从业人员信息档案管理

各保险中介行业组织在其章程中对保险中介行业或从业人员的信息档案管理进行了规定及约束。根据中介机构性质，保险中介行业组织及从业人员信息档案管理可分为保险代理人信息档案管理、保险经纪人信息档案管理和保险公证人信息档案管理。

（一）保险代理人

在组织区域内经营人身及财产保险代理人业务，经事业主管机关执业许可登记，并依法取得执业证书的银行、代理人公司和个人执行业务者，应于开始经营前加入保险代理人商业同业公会为会员。若申请加入公会，应填写及签署公会规定的相关文件，经理事长核定入会资格后准其入会再提报公会理事会追认。未依规定申请加入公会为会员者将由事业主管机关查处。如有变更名称，须以书面并附公司执照于1个月内向目的事业主管机关报备。如有变更董事长、董事、监察人、总经理、分公司经理人、营业所在地、实收资本额等，依《保险代理人管理规则》相关规定，应于变更登记后15日内向公会报备；个人执业代理人或银行营业所在地变更时亦同。

（二）保险经纪人

保险经纪人商业同业公会：在本组织区域内经营保险经纪人业务，经事业主管机关执业许可登记，并依法办理公司相关登记的公司，应于开业前加入公会为会员。若申请加入公会，应填写及签署公会规定的相

关文件，经核定符合入会资格后，准其入会再提报公会理事会通过。未依规定申请加入公会为会员者将由事业主管机关查处。会员因解散、受撤销营业许可或永久停业处分，经查明属实者，经理事会通过后，予以退会，并报请事业主管机关及目的事业主管机关备查。如有变更营业所在地、负责人、实收资本额时，于变更后 15 日内须以书面通知公会。

保险经纪人协会、保险经纪人公会：取得保险经纪人资格的法人代表，填写入会申请书，经理事会通过并缴纳会费后成为会员。凡赞同协会、公会的宗旨的保险从业人员或团体，填写入会申请书，经理事会通过并缴纳会费后成为赞助会员。

（三）保险公证人

在区域内经营公证商业，领有政府合法证照的公司行号，均应于开业后 1 个月内申请加入公会，入会时应填送入会申请书连同商业登记证照影本各两份，提经理事会通过缴纳入会费后始准入会为会员，并由公会造具其会员及会员代表名册连同商业登记证照影本各一份报请主管机关核备。公会对不依法加入为会员的公司、行号，应以书面通知限期入会，逾期未入会则报请主管机关通知其于 3 个月内入会，逾期再不入会则应由主管机关处 1500 元以上 10000 元以下罚款。

第五节　中国台湾地区保险中介领域创新发展

一、互联网科技在中国台湾地区保险中介领域的应用

中国台湾地区秉持“法规先行”的审慎监管态度，对于互联网保险业务的创新发展采取稳扎稳打的思路。

根据非寿险协会的披露，尽管有 2011 年的《电子签名法》，但是由于消费者对风险管理及 IT 设备的担忧，中国台湾地区互联网保险的渗透率仍然很低，消费者主要利用互联网进行比价。从 2014 年开始，FSC 鼓励投保人向保险人申请在线账号和密码或运用电子签名完成保险在线购买，但对保险种类、金额以及受益人仍然会有相应限制。

保险中介机构的网络投保业务需向主管机关申请，目前仅有 10 家，其中保险代理人公司 7 家，保险经纪人公司 3 家。

二、保险科技应用在中国台湾地区保险中介领域的监管要求

为规范保险业办理电子商务、保障消费者权益、增进保险业的服务效能而特别制定，互联网科技应用在保险中介领域应当遵循《保险业办理电子商务应注意事项》及《保险代理人公司保险经纪人公司办理网络投保业务及网络保险服务管理办法》。旨在通过对保险代理人公司、保险经纪人公司申请及办理网络投保业务或网络保险服务及其相关行为进行要求和约束，对互联网技术应用于保险中介领域起到规范及指导作用。

该注意事项及管理办法中所称的电子商务包括网络投保业务及网络保险服务，并要求办理该业务的公司设置网站专区、网页或保险公司投保平台 APP。该注意事项及管理办法对保险业及保险中介的具体规定及约束如下：关于申请办理网络投保业务的资格条件；关于财产险、人身险办理网络投保业务办理网络保险业务的险种要求；关于办理网络投保业务及网络保险服务时，为消费者或团体办理注册及身份验证工作及流程；关于办理网络投保业务要遵循的事项；关于以网络方式投保的核保和通报作业的遵循事项；关于以网络方式投保的缴费作业和身份辅助验证机制的遵循事项；关于差异化管理重点指标项目的奖惩方式；关于网络投保业务或网络保险服务的其他规定及要求。

第九章　中国香港地区保险中介市场监管研究

第一节　中国香港地区保险中介的组织类型及发展情况

一、中国香港地区保险中介的定义范畴

中国香港地区保险中介市场的组织类型分为持牌保险代理人（以下称“保险代理人”）、持牌保险经纪人（以下称“保险经纪人”），其中，保险代理人分为持牌个人保险代理（以下称“个人保险代理”）、持牌保险代理机构（以下称“保险代理机构”）和持牌业务代表（以下称“保险代理机构从业人员”）；保险经纪人分为持牌保险经纪公司（以下称“保险经纪机构”）和持牌业务代表（以下称“保险经纪机构从业人员”）。

（一）保险代理人

1. 个人保险代理

个人保险代理由个人向保监局申请，受保险公司委托，为其所在保

险公司提供的保单做推广、提供意见及安排签订保险合同等受监管活动。

2. 保险代理机构

保险代理机构受保险公司委托，为其所代表保险公司提供的保单做推广、提供投保意见及安排签订保险合同等受监管活动，这种机构可以采用独资经营、合伙制经营或公司制经营等方式经营。

3. 保险代理机构从业人员

保险代理机构从业人员由个人向保监局申请，代表保险代理机构为其所在保险代理机构提供保单作推广、提供意见及安排签订保险合同等受监管活动。

（二）保险经纪人

1. 保险经纪机构

保险经纪机构受投保人委托，进行与保险公司采购、洽谈及安排保单，及在某些情况下提出并结清理赔。

2. 保险经纪机构从业人员

这类人员将向保监局申请，代表保险经纪机构进行机构牌照列明的受监管活动，如与保险公司采购、洽谈及安排保单，及在某些情况下提出并结清理赔。

二、中国香港地区保险销售的中介渠道

中国香港地区保险销售渠道主要可分为银行渠道、代理渠道、经纪渠道和直接渠道，直接渠道中包括直接邮寄、电话销售和互联网销售。根据中国香港保监局公布的长期保险业务临时数据（即由保监局收集并公布但未经审计的季度统计数据），见表9-1，2016—2020年，代理渠道个人人寿业务（年金险除外）新单年化保费占比约30%，银行销售渠道的年化保费占比约50%，经纪渠道、直接渠道及其他占比较小

约20%。自2019年以来，因社会因素及疫情影响，赴港购买保险的内地客户减少导致代理人销售渠道占比有所下降，银行销售渠道业务占比提升。

表9-1　2016—2020年个人人寿业务销售渠道构成情况①　单位：万港元

年度	代理渠道年化保费	银行渠道年化保费	经纪渠道年化保费	直接渠道年化保费	其他渠道年化保费	总额
2016年	3502274.6	5523240.7	1884485.1	38897.7	481.2	10949379.3
2017年	3178898.4	4505509.1	1388683.8	75164.2	551.0	9148806.5
2018年	3540980.4	4926754.0	1618356.7	78797.2	401.1	10165289.4
2019年	3774323.0	5884681.1	2310107.2	156301.7	1666.1	12127079.1
2020年	1960155.9	4170719.0	950970.9	214860.8	146.3	7296852.9

三、中国香港地区保险中介市场发展现状

中国香港地区保险中介市场体系健全，包含了个人保险代理、保险代理机构、保险经纪、银行保险、网络销售渠道等，为保险公司提供更加多元化的营销渠道。其公众认可度和外部环境较为优越，管理模式国际化程度较高，如保险经纪模式与英国劳合社管理模式相似。

中国香港地区保险中介是保险公司保费收入来源的最主要渠道，保险代理、保险经纪、银行保险渠道发展较均衡，在各自领域发挥着重要作用。中国香港地区保险代理人发展较为成熟且稳定，而在中国香港地区外资保险集团的保险业务来自保险经纪人。

中国香港地区因特殊的历史原因，其保险业已有180多年之久，市场发展日趋成熟，保险深度及密度也名列世界前茅，形成了高度国际化的保险中介市场。代理渠道中，友邦、保诚和宏利三家公司的业务量较

① 中国香港保监局网站：长期保险业务季度临时统计表（Quarterly Release of Provisional Statistics for Long Term Business）。

高；经纪渠道中，友邦的占比高于其他公司，全美人寿全部依赖经纪渠道。

截至2021年8月31日，中国香港地区保险中介市场已登记的个人保险代理人88540人，保险代理机构从业人员26286人，保险经纪机构从业人员11492人，保险代理机构2195家，保险经纪公司817家。具体数据见表9－2。

表9－2　　中国香港地区持牌保险中介数量　　单位：人

个人持牌人士	拥有委任主事人的持牌人数	没有委任主事人的持牌人数	持牌人数总数
持牌个人保险代理	81221	7319	88540
持牌业务代表（代理人）	23982	2304	26286
持牌业务代表（经纪）	10525	967	11492
个人持牌人士数目总数	115728	10590	126318
商业实体			
持牌保险代理机构	2147	48	2195
持牌保险经纪公司	不适用	不适用	817
持牌保险中介人数目总数			129330

第二节　中国香港地区保险中介监管体系及法律法规

一、中国香港地区保险中介监管体系介绍

中国香港地区保险监管机构过去由香港保险业监理处（以下简称“保监处”）负责，随着《2015年保险公司（修订）条例》发布，2015年12月7日成立中国香港保险业监管局（以下简称“保监局”）。2017

年 6 月 26 日由保监局正式取代保监处，成为财政和运营独立于政府部门和行业的保险业监管部门，主要职责为监管保险公司。

二、中国香港地区保险中介监管机构和职能

中国香港地区保险业监管局由中国香港特别行政长官任命主席（保监局非执行董事）、行政总监（保监局执行董事）及其他不少于 6 名执行或非执行董事。保监局设立长期业务、一般业务两个业界咨询委员会，主要职责是向保监局提供行业的议题和政策方面的意见。除长期和一般业务咨询委员会外保监局可以根据需要向财政司申请增设其他业界咨询委员会。保监局设有机构事务委员会、对外事务委员会、审计委员会、监管文件委员会，现有行政总监 1 人，设行政总监办公室，下设 5 个业务管理部门。保监局被赋予发牌、监察、调查及施行纪律制裁的监管权力，负责促进和鼓励保险中介人采用适当操守标准，监管权力范围主要包括：

（1）颁布规则、守则和指引以列出发牌、操守和其他相关要求。

（2）处理和批准保险中介人的牌照申请。

（3）监察并确保持牌保险中介人遵守保险业条例。

（4）行使监察和调查的权力。

（5）对经证实的个案进行纪律制裁。

除上述监管权力外，保监局还需要负责监督持牌保险中介人遵守《保险业条例》；鼓励持牌保险中介人遵守职业行为准则，保持良好操守；探讨现有监管制度并适时提出改革建议；提高保单持有人及潜在的保单持有人对保险产品及保险业的了解；推动保险业可持续发展，提升行业的全球竞争力；对影响保险业的事项进行研究；采取适当措施维持中国香港地区金融稳定；与国际金融服务监管机构合作等。

三、中国香港地区保险中介监管法律法规

中国香港地区保险法律体系层级设置主要分为法例、守则、指引和通函四类，其中，守则不具有法律效力，在实际判罚中，法院如认为守则在法律程序中产生影响，在判决时则需要考虑是否遵从守则；指引不具有法律效力，保监局可随时修改部分或全部内容。

《保险业条例》及其附属法例是中国香港地区保险监管的主体法律，适用于中国香港地区保险公司、指定保险控权公司及保险中介人。保监局出台系列指引，用以细化《保险业条例》，规范具体行业行为。与保险中介相关指引的主要有《有关持牌保险中介人“适当人选”的准则指引》《赠送礼品指引》《持牌保险中介人持续专业培训指引》和《有关向受监管人士行使施加罚款权利的指引》等。

保险代理人及保险经纪人是消费者与保险业之间的重要桥梁，保监局制定《持牌保险经纪操守守则》（以下简称《经纪操守守则》）和《持牌保险代理人操守守则》（以下简称《代理操守守则》）用来规定消费者在通过保险代理人、经纪人购买保险产品时能够获得最低服务标准，为构建良性竞争、高效的保险业奠定基础。

（一）《保险业条例》及其附属法例

《保险业条例》共139条，分为导言、授权、保险中介人、关于持牌中介人及某些人员的纪律行动及操守规定等13章节的内容，除正文外还有11个附表。《保险业条例》框架和内容包括监管机构、授权经营、账目及报表、长期业务、干预权力、无力偿债及清盘、有关劳合社的特别条文、保险中介人、持牌中介人操守等。其中，第6部分“无力偿债及清盘”详细规范了对偿付能力不足直至清盘的保险公司的处理措施，符合国际惯例对保险合同的履约保护。

《保险业条例》第 41 章是监管中国香港地区保险业的主体条例，适用于中国香港地区保险公司、指定保险控权公司及保险中介人等。授权发牌、持续遵规、保险公司、指定保险控权公司及保险中介人的呈报责任等规定均列载于《保险业条例》及其附属法例。

（二）持牌保险经纪公司的财务及其他要求

主要规定保险经纪机构经营期间内注册资本金限额、最低净资产限额、投保职业责任保险、管理客户账户、妥善保存簿册及账目、审计财务报表、审计报告等事项。

（三）获授权保险人的最高数目规则

获授权保险人的最高数目是指任何人最多可获 4 名获授权保险人委任为持牌人士进行受监管活动，其中获授权经营长期业务的保险人不得超过 2 名。一般原则为（以下持牌人士是指保险代理机构和个人保险代理）：

（1）如持牌人士获某获授权保险人委任作为只进行一般业务的受监管活动的代理人，该持牌人士即被视为获 1 名获授权经营一般业务的保险人所委任。

（2）如持牌人士获某获授权保险人委任作为只进行长期业务的受监管活动的代理人，该持牌人士即被视为获 1 名获授权经营长期业务的保险人所委任。

（3）如持牌人士获某获授权保险人委任作为同时进行一般业务及长期业务的受监管活动的代理人，该持牌人士即被视为获以下保险人所委任：①获授权经营一般业务的保险人；②获授权经营长期业务的保险人。

（四）持牌保险经纪操守守则

《持牌保险经纪操守守则》用来规定保险经纪在进行受监管的活动时应遵守的操守、原则及相关标准。其一般原则包括：诚实及公正；公平行事并符合客户最佳利益；谨慎和努力行事；胜任提供意见；资料披露；意见的合适性；避免利益冲突；保护客户资产。

（五）持牌保险代理人操守守则

《持牌保险代理人操守守则》用来规定保险代理人在进行受监管的活动时应遵守的操守、原则及相关标准。其一般原则包括：诚实及公正；公平行事并符合客户最佳利益；谨慎和努力行事；胜任提供意见；资料披露；意见的合适性；避免利益冲突；保护客户资产。

（六）有关持牌保险中介人“适当人选”的准则指引

主要规定保险中介人及其相关的负责人、控制人、合伙人或董事的市场准入条件及任职条件，以确保保险中介人称职、可靠、财务稳健并能够诚信经营。

（七）赠送礼品指引

主要是对保险公司和保险中介人在进行长期业务展业过程中向消费者赠送礼品和回扣方面进行规定，目的在于避免消费者因赠送礼品或其他报酬影响其对保险产品作出知情的决定或判断该产品是否能满足其保险需要和其他情况。

（八）持牌保险中介人持续专业培训指引

规定保险中介人应该持续进行专业知识、监管常识、道德标准等内容的培训，以确保其具备开展保险业务的专业能力和水平。

四、中国香港地区保险中介违规处罚案例

在中国香港地区保险业的自律监管时期，香港保险顾问协会对其成员单位的违规处罚案例见表9－3。

表 9-3　　2017—2019 年中国香港地区违规处罚案例

时间	被处罚公司名称	个案描述
2019 年 8 月	RKH Reinsurance Brokers (HK) Limited	该会员未能在截至 2018 年 9 月 30 日的财政年度内，维持最低净资产价值为 100000 港元，违反了 CIB 会员条例第 5.1.1 条。被罚款 25000 港元
2019 年 3 月	Winson Insurance Consultants Ltd 永信保险顾问有限公司	会员未能在 2017 年 8 月 1 日至 2018 年 2 月 27 日期间按照规定的赔偿限额购买专业赔偿保险，违反了第 5.2 号会员条例。被罚款 18800 港元
2018 年 11 月	Swiss Insurance Partners (Hong Kong) Ltd	会员未能在 2018 年 2 月至 2018 年 7 月期间维持客户账户，违反了 CIB 会员条例 5.3.2。被罚款 5000 港元
2018 年 9 月	Shorewell Insurance Brokers Ltd 凯安保险顾问有限公司	该成员未能采取一切合理措施确保其技术代表在 2017 年遵守国家产品指令要求，违反了成员条例 7.8。被罚款 2000 港元。
2018 年 9 月	Andrew Liu & Co Ltd	该会员未能确保其向客户提供保险建议、协商合同的员工是已登记注册的，违反了会员条例 7.6 和条例 7.11。该成员也未能分配足够的资源或建立适当的程序，以确保遵守会员条例，违反了会员条例 3.2 和条例 3.3。被罚款 10 万港元
2019 年 3 月	Winson Insurance Consultants Ltd 永信保险顾问有限公司	该会员未能在其财政年度结束后 6 个月内提交截至 2015 年 12 月 31 日财政年度的经审计财务报表和合规报告，违反了 CIB 会员条例 13.1。被罚款 10 万美元
2018 年 6 月	HFS Asset Management Limited	客户提出要求，会员未能向客户提供从保单中获得的费用或佣金的详细信息，违反了 CIB 会员条例 14.8 注 1。被罚款 1 万美元
2017 年 11 月	Noble Apex Advisors Ltd 御峰理财有限公司	该成员未能确保为其客户提供服务的技术代表已登记，违反了成员条例 7.6。被罚款 10000 港元

第三节 中国香港地区保险中介的准入政策及市场行为监管

一、中国香港地区保险中介机构市场准入及退出规则

保监局采取登记备案册的方式进行准入和退出管理，类似于中国的行政许可形式。备案规定了机构的准入条件和经营要求，如不能满足经营需要则采取撤销等方式要求机构退出市场。

（一）保险代理机构

1. 准入条件

（1）以独资经营人、合伙人或公司身份向保监局申请代理机构牌照，其中合伙人可由合伙人代表申请，发放牌照时标明公司性质为合伙制。

（2）申请人及其控制人、合伙人及董事应符合适当人选要求。

（3）至少有 1 家保险公司委托其代理保险业务。

（4）缴纳相关费用。

（5）至少有 1 位符合任职条件的负责人。

2. 登记及管理

取得牌照的代理机构应向保监局保存适当格式的登记册，登记册应列明以下内容：

（1）代理机构的名称、机构编码及每位负责人的姓名。

（2）营业地址。

（3）负责人的任职条件。

（4）牌照的取得条件。

（5）取得授权的保险公司名称、授权期限。

保险代理机构在保监局登记后，发生以下内容更改时须在事项发生后 14 日内书面向保监局报备修改：

（1）名称。

（2）营业地址。

（3）电话号码。

（4）电子邮件地址。

如保险代理机构拟委任保险代理机构从业人员开展保险业务，须在作出委任决定最少 14 日前，书面向保监局报备；保险代理机构如终止任何保险代理机构从业人员或负责人的委任，须在其委任终止日期后 14 日内，书面向保监局报备。

3. 牌照有效期

保险代理机构牌照有效期为 3 年，到期前 45 日或之前向保监局申请续期，续期应满足设立条件，否则将予以撤销。

4. 退出规则

保险代理机构发生以下情形，保监局将采取撤销或暂时吊销管理：

（1）保险代理机构不再被任何一家保险公司委托，将在合同终止后 180 日予以撤销。

（2）保险代理机构不再有负责人时保监局将暂时吊销该机构牌照，暂时吊销后 90 日内没有提出负责人任命申请或任命申请被保监局拒绝，保监局可撤销该机构牌照。

（3）保险代理机构为独自经营人性质而持有牌照的人去世时，或保险代理机构为合伙制而合伙解散时，或保险代理机构为公司制经营而该股东公司解散时保监局可撤销该代理公司牌照。

（4）保险代理机构要求保监局撤销牌照时，保监局可撤销该机构牌照。

（二）保险经纪机构

1. 准入条件

（1）申请人及其控制人、董事应符合适当人选要求。

（2）经营期间内任何时间注册资本金不得少于500000美元。

（3）经营期间内任何时间净资产（不含无形资产）不得少于500000美元。

（4）职业责任保险生效日其连续12个月内赔偿限额为经纪收入的2倍并以75000000美元为上限，或新设立机构第一个12个月内最高赔偿限额不少于3000000美元；职业责任保险中自负额不得超过该机构上年度财务报表净资产的50%。

（5）应至少设立一个客户账户，账户名称要包含“客户”字样，账户存储款项。

（6）按照会计准则设立财务账簿和业务台账，能够如实反映公司业务的财务状况，列明支取和持有的客户资金，保管期限不少于7年。

（7）至少有一位符合要求的负责人。

2. 登记及管理

与保险代理机构登记管理方式一致。

3. 牌照有效期

与保险代理机构牌照有效期一致。

4. 退出规则

保险经纪机构没有负责人时，保监局可暂时吊销该机构牌照，如果暂时吊销牌照90日后依旧没有负责人或负责人没有被保监局任命，保监局可撤销该机构牌照。保险经纪机构要求保监局撤销牌照时，保监局可撤销该机构牌照。

二、中国香港地区保险中介机构高管任职资格

中国香港地区保险中介机构高管人员应进行类似高管任职申请的许可事项，通过相关考试、任职条件才能取得任职资格。高级管理人员包括保险代理、经纪机构的控制人、合伙人、董事及机构负责人。任职条

件主要包括：

（1）大学或高等教育院校的学士学位；或保监局发布的指定保险资格；或其他保监局认可的同等学力。

（2）至少5年保险从业经历，其中包括最少2年管理经验。

（3）具备充足的、能够承担责任的资源。

（4）有能力称职地、诚实地并公正地进行受监管活动。

（5）该人的信誉、品格、可靠程度及诚信。

（6）该人的财政状况或偿付能力。

（7）金融管理专员、证券及期货事务监察委员会、强制性公积金计划管理局或其他监管机构没有对其采取任何监管措施。

（8）符合《持牌保险中介人持续专业培训指引》所列的持续专业培训规定。

三、中国香港地区保险中介机构的日常监管

中国香港地区的保险代理和经纪机构在法律责任方面存在差异，代理机构主营业务实质上是销售，主体责任及管理应由保险公司负责，而经纪机构应对客户负责，主体责任应由机构本身负责。

（一）经营规则

根据《保险业（持牌保险经纪公司的财务及其他要求）规则》规定，保险经纪机构在日常经营中应遵守以下几点：

（1）经营期间内任何时间注册资本金不得少于500000美元。

（2）经营期间内任何时间净资产（不含无形资产）不得少于500000美元。

（3）职业责任保险生效日其连续12个月内赔偿限额为经纪收入的2倍并以75000000美元为上限，或新设立机构第一个12个月内最高赔偿限额不少于3000000美元；职业责任保险中自负额不得超过该机构上

年度财务报表净资产的50%。

（4）至少设立一个客户账户，账户名称要包含“客户”字样，账户存储款项内容包括：代收保费、预付保费、为进行受监管项目而收取的款项，可从客户账户提取款项内容包括：预付保费、理赔款、投保人授权提取的款项、因失误而存入的款项及利息，该机构应至少每月核对账户。

（5）妥善保管并记录业务、财务账簿，为便于审计，账簿应运用适合的会计准则真实反映该机构的财务状况，账簿保存期限不少于7年。

（6）经纪机构应运用适合的会计准则向保监局提供财务报表，内容包括会计年度末保险经纪收入、客户账户的现金总额及预付保费，财务报表应由该公司董事批准，有该公司两位董事代表签署。

（7）审计报告需说明该公司财务报表是否真实反映该公司会计年度的财务状况及财务表现，是否按规定缴存注册资本金、净资产、投保职业责任保险、设立独立的客户账户及妥善保管并记录业务、财务账簿。

根据《保险业条例》规定，保险经纪机构应自委任1名审计师起1个月内向保监局提交书面报告，内容包括委任审计师的姓名或名称及资格，在委任结束后起一个月内委任新审计师并提交书面报告；每个会计年度结束后6个月内，须向保监局提供该年度经审计的损益表、收支表、资产负债表及审计报告。

（二）业务检查

保监局采用多种措施对保险中介人施行持续监管，包括非实地检查及实地审查，并设立对应的处罚制度。

非实地检查主要用于检讨并确定保险中介人是否符合《保险业条例》（第41章）第90条和第91条中的法定操守规定及根据《保险业条例》（第41章）订立或发出的规则、法规、守则和指引中适用的规定，保险中介人在进行受监管活动时必须遵守这些规定。

实地审查用于监察保险中介人是否有遵守相关法例和监管规定。保监局会对保险中介人进行实地审查或监管检讨，以评估其负责人及保险中介机构从业人员是否有遵守相关法例及监管规定及其遵守程度。

为保护消费者权益，规范保险中介人的从业行为，根据《保险业条例》，中国香港保监局出台《有关向受监管人事形式施加罚款权力的指引》，主要内容包括：（1）实施罚款的主要目的在于保障现有及潜在投保人及公众利益，促进和鼓励受监管人员维持适当的操守，遏制受监管人员的不当行为，遏制非适当人选担任相关职务，防止受监管人员从违规行为中获利。（2）判断是否实施处罚应以上述主要目的为首要依据，其次应充分考虑违规行为的性质、严重性及影响，发现违规行为后受监管人员是否及时汇报、试图隐瞒该行为，是否配合保监局或其他监管部门，是否采取补救措施，受监管人员是否有违规记录等因素。

四、中国香港地区保险中介从业人员资质管理和行业监管

（一）资质管理

受保险公司、保险代理及经纪机构委托的符合适当人选条件可由个人向保监局提出申请牌照。牌照有效期一般为 3 年，到期前 45 日内向保监局申请续期，续期应满足设立条件，否则将予以撤销。

适当人选的条件主要包括：（1）身份：中国香港永久性居民或持有不限制该人在中国香港地区进行受监管活动的入境签证或许可的人。（2）学历：为中国香港中学文凭考试 5 科成绩达第 2 级或以上，包括普通话、英语及数学、国际预科文凭、毅进文凭或其他在中国香港保监局网站上公布的指定保险资格。（3）资格考试：在保险中介人

资格考试相关试卷中获得及格成绩，由职业培训局负责。（4）培训：符合《持牌保险中介人持续专业培训指引》所列的持续专业培训规定。（5）信誉、品格、可靠程度、诚实及诚信；财务状况良好，无破产或负债。（6）至少获得一家保险公司授权。（7）缴纳相关费用。

保监局须以合适的格式备存一份取得牌照的保险中介人登记册，登记册应列明以下内容：（1）姓名、保监局分配的编码。（2）业务地址。（3）牌照的取得条件。（4）取得授权的保险公司、保险代理机构、保险经纪机构名称、授权期限。

保险中介从业人员在保监局登记后，发生以下内容更改时须在事项发生后 14 日内书面向保监局报备修改：（1）名称。（2）业务地址或住址。（3）电话号码。（4）电子邮件地址。如保险公司、保险代理机构、保险经纪机构拟委任何保险中介从业人员开展业务，须在作出委任至少 14 日前书面向保监局报告；保险公司、保险代理机构、保险经纪机构终止委任任何保险中介从业人员，必须在终止日期后 14 日内书面向保监局报告。

保险中介从业人员去世时，保监局可撤销该牌照；不再取得保险公司、代理及经纪机构委托，将在合同终止后 180 日予以撤销；或受委托保险代理及经纪机构牌照暂时吊销时，保监局将暂时吊销牌照；要求保监局撤销牌照时，保监局可撤销该机构牌照。

（二）行业监管

《持牌保险中介持续专业培训指引》（以下简称《培训指引》）规定：（1）个人持牌人（包括个人保险代理人、保险代理机构从业人员、保险经纪机构从业人员）、保险公司、保险代理、经纪机构应该遵守持续专业培训规定，如果违反规定，保监局可以采取监管措施。（2）持续专业培训的考核期为上年 8 月 1 日至次年 7 月 31 日。（3）个人持牌人在考核期间内，除另有规定外，须参加培训活动获得最少 15 个持续专业培训时数①，包括最少3个法规道德有关的培训。(4) 只持有限制旅保业务牌照的保险代理机构从业人员需要在每个考核期内获得最少3个持续专业培训时数，此类人不强制参加法规道德类培训。(5) 如果个人保险中介人的牌照被暂时吊销（如未接受任何保险公司、代理、经纪机构委托等），只要此人继续持牌就必须遵守规定参与培训。(6) 在考核期结束前两个月（每年9月30日）前，需要以书面形式同时向所在保险公司、保险代理、经纪机构及保监局汇报参与培训的情况。(7) 个人持牌人应在考核期结束后3年内保留相关培训证据，并在保监局检查时提供相关证据。(8) 保险公司、代理及经纪机构应确保其从业人员遵守《培训指引》，可以为其安排足够的培训活动、提供基本培训设备、提供培训有关的资料或与专业团体联系举办相关培训。(9) 保险公司、代理及经纪机构应设立管控措施和制度，确保其从业人员遵守《培训指引》，同时应查阅、核实从业人员提供给保监局的培训证明。(10) 培训活动形式可为通过网络培训、传统讲座授课形式培训或相关机构举行的专业培训。

《培训指引》规定的合资格持续专业培训活动范围包括：(1) 中国香港保险法例或相关法例。(2) 中国香港保险业监管相关情况，包括行业最新资讯。(3) 保险产品知识、保单条款、核保、保单管理、理赔、保险科技、资讯科技或者其他与保险有关的技能知识，但是不包括个别公司的奖励计划和宣传策略。(4) 精算学。(5) 风险管理。(6) 财务策划。(7) 道德和规例。(8) 其他与保险中介人的工作直接相关的学科，如投资、法律及法律常识、财务、金融科技、商业、商务、管理、专业技能学科（如工程学、医学、健康学等）或者沟通技巧。(9) 保监局规定的其他范围。

---

① 专业培训时数：类似内地的学分制。

五、中国香港地区保险公司对中介机构及人员的管控责任

保险业监管局采用多种措施对保险代理人施行持续监管，主要包括非实地监察及实地审查。监管重点主要包括业务操守及有关保险代理人根据相关法例和监管规定下就打击洗钱/恐怖分子融资风险的操守。

对保险代理人的监管框架同时建立在以下事实基础上：委任保险人通常对其代理人的行为负有转承责任；保险代理机构有责任确保其委任保险代理人遵守与委任保险人/保险代理机构业务范围内的受监管活动相关的所有法例、规则、法规、守则及指引；获授权保险人负责中介管理的管控要员负有重要责任；以及保险代理机构的负责人负有重要责任。

保险代理人应遵守就合约下和法律上须向其委任保险人履行有关进行受监管活动的责任。该等责任包括而不限于，保险代理机构或个人保险代理人在接受其他获授权保险人的委任前，须事先取得其委任保险人的同意。保险代理人亦应遵守其委任保险人有关进行受监管活动的政策、程序及其他适用规定。每个个人保险代理或保险代理机构可代表最多四家保险公司。

保险代理人应行事诚实、坚守道德及公正；保险代理人应一直公平对待客户，并以其最佳利益行事；保险代理人应以谨慎、技巧和努力行事；保险代理人应具备适当程度的专业知识和经验并只可进行该代理人所胜任的受监管活动；保险代理人应向客户提供准确及充足的资料，使客户得以作出知情的决定；保险代理人的受监管意见应适合客户，并考虑到其客户情况；保险代理人应尽其最大努力避免利益冲突，而在无法避免该等冲突的情况下，该代理人应通过适当披露管理这些冲突，确保客户在任何时间均受到公平对待；保险代理人应设有足够保障措施以保护从客户收到代管理的客户资产。

第四节 中国香港地区保险中介行业组织的地位及作用

一、中国香港地区保险中介行业组织概述

2019 年 9 月 23 日前，由中国香港保险业联会辖下的保险代理登记委员会、中国香港保险顾问联会和中国香港专业保险经纪协会三个自律监管机构负责保险中介人的发牌和管理工作。2019 年 9 月 23 日之后中国香港保监局分别取代了三个自律监管机构，保险中介人监管由中国香港保监局负责。

目前，三个自律监管机构只有中国香港专业保险经纪协会继续存在。中国香港专业保险经纪协会成立于 1988 年 1 月 29 日，其主要职责为研究与保险经纪业务有关的事宜、制定会员守则、提高专业水平的服务、协助处理保险经纪业务的分歧等内容。

二、中国香港地区保险中介行业组织的负责事项

（一）中国香港保险顾问联会

中国香港保险顾问联会（CIB）的监管职能于 2019 年 9 月 23 日移交给保险业监督之后，现专注于为会员服务的三个关键角色："专业精神"，促进行业经纪人的专业精神；"代表"，代表会员争取利益；"沟通"，与保险业监督机构保持良好沟通以反映会员的利益。

（二）中国香港专业保险经纪协会

中国香港专业保险经纪协会（PIBA）是保险业监理处根据《保险业条例》第70条所规定而确认的法定保险经纪团体，其设立宗旨是：将会员的职业道德及其遵守协会规则和法规放在首位；协会与其他保险机构保持密切联系，并安排各种活动来提升会员的专业水平；协会与保险业监督部门定期进行沟通或开会，讨论与保险法规有关的问题。PIBA的主要负责事项包括但不限于以下内容：

（1）促进和保障中国香港保险经纪人的一般福利和利益。

（2）考虑和所有保险经纪业务相关的问题。

（3）帮助会员在于保险经纪业务相关的所有事项上，能有统一的发声、统一的目的行事。

（4）为其会员提供会议场所，团结从事保险经纪业务的人员或与保险经纪业务相关的人员。

（5）代表会员的利益促进政府就保险经纪人立法或制定措施，或与其进行协商，或表示反对。

（6）收集并发布与保险经纪业务相关的统计数字和其他资料。

（7）为促进本协会的任何目标，申请并取得任何法令或条例的制定或修订任何现有法令或条例。

（8）与其他保险经纪协会及其他团体签订协议，以促进并保障协会会员及保险经纪及普通保险经纪业务的发展。

（9）建立、支持及协助为本协会所有或任何会员而成立的任何其他协会。

（10）制定及订立规则及行为守则，以促进保险经纪业务的良好业务作风。

（11）裁决因保险经纪交易或业务而产生的争议和分歧。

（12）推广、举办、赞助与保险经纪业务有关的展览和会议。

三、中国香港地区保险中介行业及从业人员信息档案管理

（一）持牌保险中介人登记册

该登记册是根据《保险业条例》（第41章）第640条建立和维护的，以提供有关在2019年9月23日或之后在中国香港地区获得执照的所有保险中介人的信息保险中介人监管制度。

根据《保险业条例》（第41章），该登记册由保险业监督局（IA）维护，以使公众能够确定自己是否正在与持牌保险中介人或负责人进行有关或与之有关的事务任何受监管的活动；或确定某人作为持牌保险中介人的牌照的详情或某人作为负责人员的批准的详情。

禁止任何使用该寄存器的人将其包含的信息用于除上述目的以外的任何目的。任何出于上述目的以外的目的使用此寄存器中的个人数据，都需要根据《数据隐私条例》（第486章）的规定，作为数据主体的个人事先自愿同意。

尽管注册簿在每个工作日都会更新，但由于其中在处理和更新注册簿上的保险中介人的信息方面存在时滞，因此登记册中所载的资料不一定是最新资料。在某些不在保监局控制范围内的情况下，如系统停顿、故障或更新，时滞可能会更长。

保险业监督局所公布的登记册，不对任何保险中介人及相关负责人的表现或信誉作出任何保证。

（二）注册登记条件“适当人选”的断定

（1）该人的学历或其他资历或经验。

（2）该人是否有能力称职地、诚实地并公正地进行受监管活动。

（3）该人的信誉、品格、可靠程度及诚信情况。

（4）该人的财政状况或偿付能力。

（5）以下人员或机构是否曾针对该人采取纪律行动：①金融管理

专员。②证监会。③基金会。④任何其他主管部门或监管机构。

（三）保险中介人资格考试

除非获得豁免，每名个人保险中介人必须通过职业训练局主办的《保险中介人资格考试》（“资格考试”）的相关考试，有关豁免及免除应考资格考试安排的详情可参阅“《保险业条例》（第41章）有关持牌保险中介人‘适当人选’的准则指引”附件1（保险中介人资格考试）。若考试成绩达到70%或以上，则被视为已通过资格考试；若已连续两年停止在中国香港保险业从事与保险有关的工作，或若在通过资格考试后连续两年未在中国香港保险业从事与保险有关的工作，过往的资格考试成绩将不受认可；若有意申请从事投资相连长期保险业务，除非受豁免或免除，否则须通过提升版的投资相连长期保险试卷。

（四）学历和专业资格

有关最低学历要求的规定，应参阅有关“适当人选”的准则指引。若具备中国香港中学文凭考试，五科成绩达第2级或以上（包括中文或英语，以及数学）的资格，可将其用于申请牌照。

由根据中国香港法例成立或注册可颁授学位的高等教育院校所颁发的保险、法律、商业、风险管理、会计、金融、医学科学、工程或某个相关学科的文凭，通常视为可予接受。根据《非本地高等及专业教育监管条例》（第493章）注册或获豁免的课程颁发的文凭将按个别情况进行评核。另外，可能需要提供相关资格/课程的额外资料。

有关最低学历要求规定的豁免标准依据有关“适当人选”的准则指引。若曾在保险代理登记委员会、中国香港保险顾问联会或中国香港专业保险经纪协会（统称为“自律监管机构”）使用内地资格作首次登记，申请人须递交先前就有关登记而向自律监管机构递交的学历证明文件副本，以及有关证书真伪的官方经核证文件的副本，如全国高等学校学生信息咨询与就业指导中心（学信网）发出的确认书、公证书或相关机构的直接确认书。另外，若申请人在首次向自律监管机构登记前已获得其他资格，可将有关资格用于申请牌照。

（五）证明文件（见表9－4）

表9－4　　　　中国香港保险中介从业人员证明文件

相关事项	证明文件
中国香港永久性居民	中国香港身份证
非中国香港永久性居民	中国香港身份证/护照/工作签证
资格考试	资格考试证书/成绩单
文凭考试/会考/国际预科文凭/毅进文凭/指定保险资历	证书/文凭
内地及国际公开考试 （或须提供经核证文件，如全国高等学校学生信息咨询与就业指导中心（学信网）发出的确认书、公证书或相关机构的直接确认书）	毕业证书 考试成绩（如高考及普通教育文凭）
学位/文凭 （或须提供其他文件，如成绩单、课程大纲/数据及出席记录）	证书/文凭 中国香港学术及职业资历评审局（评审局）评核结果
金融监管机构授予的牌照	相关牌照补充表格
有关品格、财务状况、纪律处分及调查的任何问题，可回答“是”	提供相关证明件 刑事罪名/破产/纪律处分补充表格

（六）保监局就受监管人士采取的纪律行动

在以下情况下，保监局可在保监局指定的期间内撤销或暂时吊销受监管人士的牌照：

（1）在其属受监管人士时，犯或曾在任何时间犯“不当行为”。

（2）曾在其过去属受监管人士的任何时间犯“不当行为”。

（3）按保监局的意见。①在其属受监管人士时，并非适当人选；②在其过去属受监管人士时，并非适当人选；③根据《破产条例》与债权人订立自愿安排，或有破产令根据该条例针对该人而作出；④在中国香港或其他地方被裁定犯某罪行，而按保监局的意见，该项定罪令该人继续作为持牌人的适当性存疑；⑤根据《精神健康条例》，被法院裁断为精神上无行为能力或被羁留在精神病院，而按保监局的意见，该项裁断或羁留继续作为持牌人的适当性存疑。

上述不当行为指：一是违反《保险业条例》的条文；二是违反根据《保险业条例》发出的牌照的条款或条件；三是违反根据《保险业条例》的条文而施加的任何其他条件；四是关乎进行任何受监管活动的作为或不作为，而按保监局的意见，该作为或不作为是有损或相当可能有损保单持有人或潜在的保单持有人的利益或公众的利益。

行业自律监管时期（2019 年 9 月 23 日之前），中国香港保险顾问协会通过定期向其会员单位发送通告，告知吊销保险经纪牌照和禁止在一定时期内从事保险经纪的人员。

第五节　中国香港地区保险中介领域创新发展

一、互联网科技在中国香港地区保险中介领域的应用

（一）中国香港地区互联网保险业务

随着电子商务的发展，中国香港地区保险业与时俱进，互联网保险中介业务在推广保险产品和为客户提供保险服务方面发挥着作用。各类保险门户网站主要由保险公司、保险中介公司或其他人设立，有些是受某一保险公司或保险集团委托设立，有些则是以“保险超市”形式，受多家保险公司委托经营。这些网站提供的服务非常广泛，如受保险公司委托介绍保险公司及产品、提供产品对比、办理投保业务、处理保险理赔及提供相关保险公司信贷评级资料等。部分网站并不是以保险业务为主，还提供与保险相关的附加业务。

（二）FastTrack

保险业的快速发展需要高效的保险中介市场作支撑，而传统保险中介具有的共性缺点包括保险中介成本过高、流程较为烦琐等，这些问题也是保险中介行业潜在的发展空间。因此，如何有效利用大数据、搭建数字化信息平台，更好地对潜在市场和目标客户进行数据挖掘、整合及结构化处理变得尤为重要。

保监局于 2017 年 9 月 29 日起推出一项试验计划（FastTrack），加快处理采用全数字化分销渠道的新保险公司的保险业务授权申请，以促进保险科技在中国香港地区的发展。FastTrack 试验计划没有具体的截止申请日期，监管机构将密切监察 FastTrack 的运作，并根据市场发展适时作出修订。FastTrack 旨在为持有和使用全数字化分销渠道（即不使用代理、银行或经纪等常规分销渠道）的申请人的新授权申请提供一条快速通道，整个流程相对于其他保险授权申请更加快速和精简。

二、保险科技应用在中国香港地区保险中介领域的监管要求

保监局出台的《网上保险活动指引》，对保险科技和互联网保险作出了各项监管要求。对保险科技应用明确提出服务供应商的身份要求：

（1）服务供应商须在其网站或让其提供保险服务的第三者网站，明确披露自己的身份资料。服务供应商尤其须清楚说明自己的身份，如获授权保险人、获委任保险代理人、获授权保险经纪及所属认可保险经纪团体的名称、中国香港保监局认可的承保人组织或劳合社。

（2）服务供应商须提供联络资料，包括正式名称、办事处地址、电邮地址、电话号码及传真号码。

保监局同时在授权方面给出明确规定：

（1）不论采用何种媒介进行保险业务，除非是根据《网上保险活动指引》第 8 条获授权的保险人、劳合社或保监局认可的承保人组织，

否则任何人均不得在中国香港地区经营任何类别的保险业务。除非属《网上保险活动指引》第2条所界定的获委任保险代理人或获授权保险经纪，否则任何人均不得显示自己为保险代理人或保险经纪人。

（2）由于互联网具有无疆界性质，在中国香港地区以外地方居住的人士可连接由服务供应商设立的保险网站，在中国香港地区居住的人士也可连接海外的保险网站。为避免因进行跨国网上交易而无意触犯海外保险法例，服务供应商须在其网站注明其在中国香港地区或其他地方的授权、注册或认可情况，也可在免责声明上注明不进行保险业务的地区。

（3）一般来说，在中国香港地区以外地方进行的网上保险活动并不属于该条例所涵盖的范围。但如果通过此类活动在中国香港地区经营保险业务或保险中介业务，则被纳入该条例的范围以内。中国香港保监局在决定此类活动是否属于该条例所涵盖的范围之前，会从整体角度考虑有关保险活动的性质和其他因素。

此外，保监局于2017年9月29日起推出“保险科技沙盒”，以便于保险公司推进保险创新。获授权的保险公司计划在中国香港地区推出保险科技项目时可以申请使用监管沙盒。保监局、中国香港金融管理局和证券及期货事务监察委员会（证监会）均已分别推出沙盒，有意就跨行业金融科技产品参与试行计划的公司，可选择其认为最相关的沙盒，并向该沙盒的监管机构提交申请。中国香港保监局将会与获授权的保险公司及其协作的科技公司一起合作，作为主要接洽点，协助联系其他监管机构。

第十章　中国内地保险中介市场监管研究

第一节　中国内地保险中介的组织类型及发展情况

一、中国内地保险中介的定义范畴

保险中介是指保险代理人（保险代理机构）、保险经纪人（保险经纪机构）和保险公估人（保险公估机构）。保险中介人是介于保险公司之间以及保险公司与投保人之间，从事保险业务咨询与销售、损失鉴定与理算、价值衡量与评估、风险管理与安排等中介服务活动，依法获取佣金或手续费的单位或个人。

（一）保险代理人

保险代理人是指根据保险公司的委托，向保险公司收取佣金，并在保险公司授权的范围内代为办理保险业务的机构或者个人，包括保险专业代理机构、保险兼业代理机构及个人保险代理人。保险代理人应当遵守法律、行政法规和银保监会有关规定，遵循自愿、诚实信用和公平竞争的原则。国内保险代理人可分为：

1. 保险专业代理机构

保险专业代理机构，即依法设立的专门从事保险代理业务的保险代理公司及其分支机构，在中华人民共和国境内经营保险代理业务，应当符合银保监会规定的条件，取得相关经营保险代理业务的许可证。保险代理机构从业人员则是指在保险专业代理机构、保险兼业代理机构中，从事销售保险产品或者进行相关损失查勘、理赔等业务的人员。

2. 保险兼业代理机构

保险兼业代理机构，即利用自身主业与保险的相关便利性，依法兼营保险代理业务的企业，包括保险兼业代理法人机构及其分支机构，在中华人民共和国境内经营保险代理业务，应当符合银保监会规定的条件，取得相关经营保险代理业务的许可证。

3. 个人保险代理人

个人保险代理人，即与保险公司签订委托代理合同，从事保险代理业务的人员。

（二）保险经纪人

保险经纪人是指基于投保人的利益，为投保人与保险公司订立保险合同提供中介服务，并依法收取佣金的机构，包括保险经纪公司及其分支机构。

保险经纪从业人员是在保险经纪人中，为投保人或者被保险人拟订投保方案、办理投保手续、协助索赔的人员，或者为委托人提供防灾防损、风险评估、风险管理咨询服务、从事再保险经纪等业务的人员。

（三）保险公估人

保险公估是指评估机构及其评估专业人员接受委托，对保险标的或者保险事故进行评估、勘验、鉴定、估损、理算以及相关的风险评估。保险公估人是专门从事上述业务的评估机构，包括保险公估机构及其分支机构。保险公估机构包括保险公估公司和保险公估合伙企业。

保险公估从业人员是指在保险公估人中，为委托人办理保险标的的承保前和承保后的检验、估价及风险评估，保险标的出险后的查勘、检验、估损、理算及出险保险标的残值处理，风险管理咨询等业务的人员。保险公估从业人员包括公估师和其他具有公估专业知识及实践经验的评估从业人员。公估师是指通过公估师资格考试的保险公估从业人员。

二、中国内地保险销售的中介渠道

国内保险公司的销售渠道有个人代理、公司直销、保险专业代理、银行邮政代理、其他兼业代理和保险经纪业务，中介销售渠道包括保险经纪人和保险代理人。保险经纪人独立于保险人，不受保险人的管理，基于投保人利益为其选择适合的保险方案。保险代理人受保险人的管理，基于保险人的利益为其招揽保险业务，代表保险人与投保人签订保险合同。代表多家保险公司的保险代理人基于保险人利益，为保险产品之间无竞争关系的多家保险公司招揽保险业务，代表保险人与投保人签订保险合同，合同签订成功后，代理人参与保险合同的管理与履行义务的监督，并参与保险双方当事人的调解与仲裁。

根据2019年中国保险统计年鉴显示，截至2018年末，国内保险新单业务保费来源的各渠道中，人身保险个人代理占58.82%，公司直销占7.41%，保险专业代理占0.90%，银行邮政代理占30.86%，兼职代理占1.04%，保险经纪人占0.97%。

三、中国内地保险中介市场发展现状

中国内地的保险中介具有销售渠道多元化、专业主体职业化、社会效益显著化、金融服务综合化等特点。保险代理人直接为保险消费者提供面对面的咨询服务，将保险产品普及到社会公众；保险经纪人可参与国家重大项目、重点领域的风险管理，积极识别潜在风险，有效进行保险和再保险安排；保险公估人弥合保险人与被保险人分歧，保证了客观、公正、及时赔付。

保险中介是中国内地保险销售的主要渠道。2019 年中国保险统计年鉴显示，截至2018 年末，国内保险中介机构共计 2689 家，其中，全国性保险专业代理公司 240 家，区域性保险专业代理公司 1550 家，保险经纪公司 499 家，保险公估公司 395 家，中介集团公司 5 家。2018 年，中国保险中介渠道保费收入为 3. 37 万亿元，占总保费收入的比例为 87. 4% 。

第二节　中国内地保险中介监管体系及法律法规

一、中国内地保险中介监管体系介绍

国家通过政府授权银保监会，对保险中介实行监督管理。银保监会作为国家监管主体中的行政监管者，以其专业性和权威性占据主导地位。银保监会通过履行行政管理职能，依法对全国保险市场进行统一的监督管理。保险中介是保险市场不可或缺的重要组成部分，银保监会是对保险中介实施监督管理的主体。除此之外，保险中介机构也是企业，应该依法经营，民政、工商、税务等部门也从各个角度对其承担相关监管事务①。

二、中国内地保险中介监管机构和职能

银保监会成立于2018 年，是国务院直属的正部级事业单位，依照

① 金鸽．加强中国保险中介政府监管问题研究［D］．哈尔滨商业大学，2017.

相关法规统一对银行业和保险业进行监管，保障银行业和保险业稳健运行和健康发展。银保监会内部设立各职能部门，有办公厅（党委办公室）、政策研究局、法规部、统计信息与风险监测部、财务会计部（偿付能力监管部）、普惠金融部、公司治理监管部、银行机构检查局、非银行机构检查局、重大风险事件与案件处置局（银行业与保险业安全保卫局）、创新业务监管部、消费者权益保护局、打击非法金融活动局、政策性银行监管部、国有控股大型商业银行监管部、全国性股份制商业银行监管部、城市商业银行监管部、农村中小银行机构监管部、国际合作与外资机构监管部（港澳台办公室）、财产保险监管部（再保险监管部）、人身保险监管部、保险中介监管部、保险资金运用监管部、信托监管部、其他非银行金融机构监管部、人事部（党委组织部）、机关党委（党委宣传部）等。

三、中国内地保险中介监管法律法规

中国保险监管机构对保险中介的约束主要体现在《中华人民共和国保险法》（以下简称《保险法》），以及银保监会制定的规章制度中。通过《保险代理人监管规定》《保险经纪人监管规定》《保险公估人监管规定》《保险公司中介业务违法行为处罚办法》等规章以及各保险中介行业组织的规范性文件，构建起多层次保险中介监管体系。

（一）《保险法》

《保险法》自 1995 年 6 月 30 日颁发以来，分别在 2002 年、2009 年、2014 年和 2015 年进行了修订，成为保护中国保险业根基和维护国内投保人利益的保险根本大法。《保险法》分为 8 个部分 185 条，其中第五章“保险代理人和保险经纪人”中对保险经纪人和保险代理人相关问题作出法律规定。

（二）其他法规制度

《保险代理人监管规定》是银保监会于 2020 年 11 月 12 日发布、自

2021年1月1日起实施的部门规章。它旨在规范保险代理人的经营行为，保护投保人、被保险人和受益人的合法权益，维护市场秩序。《保险代理人监管规定》分为7章共119条。

《保险经纪人监管规定》是保监会于2018年2月1日发布、自2018年5月1日起实的部门规章。它旨在规范保险经纪人的经营行为，保护投保人、被保险人和受益人的合法权益，维护市场秩序。《保险经纪人监管规定》分为8章共109条。

《保险公估人监管规定》是保监会于2018年2月1日发布、自2018年5月1日起实施的部门规章。它旨在规范保险公估人的行为，保护保险公估活动当事人的合法权益和公共利益，维护市场秩序。《保险公估人监管规定》分为6章共38条。

《保险公司中介业务违法行为处罚办法》是保监会于2009年9月25日发布、2009年10月1日起施行的办法。它旨在维护保险市场秩序，预防和惩处保险公司中介业务违法行为，促进保险业健康发展。

第三节　中国内地保险中介的准入政策及市场行为监管

一、中国内地保险中介机构市场准入及退出规则

（一）准入规则

保险代理机构、保险经纪人经营保险业务，应当具备下列条件：

（1）股东符合《保险代理人监管规定》要求，以自有资金出资，出资过程真实合法，不得用银行贷款及各种形式的非自有资金投资。

（2）注册资本符合本规定第 10 条要求，且按照国务院保险监督管理机构的有关规定托管。

（3）营业执照记载的经营范围符合有关规定。

（4）公司章程符合有关规定。

（5）公司名称符合本规定要求。

（6）高级管理人员符合本规定的任职资格条件。

（7）有符合国务院保险监督管理机构规定的治理结构和内控制度，商业模式科学合理可行。

（8）有与业务规模相适应的固定住所。

（9）有符合国务院保险监督管理机构规定的业务、财务信息管理系统。

（10）法律、行政法规和国务院保险监督管理机构规定的其他条件。

保险公估机构经营保险公估业务，应当具备下列条件：

（1）股东或者合伙人符合《保险公估人监管规定》要求，以自有资金出资，出资过程真实合法，不得用银行贷款及各种形式的非自有资金投资。

（2）根据业务发展规划，具备日常经营和风险承担所必需的营运资金，全国性机构营运资金为 200 万元以上，区域性机构营运资金为 100 万元以上。

（3）营运资金的托管符合中国保监会的有关规定。

（4）营业执照记载的经营范围不超出本规定第 43 条规定的范围。

（5）公司章程或者合伙协议符合有关规定。

（6）企业名称符合本规定要求。

（7）董事长、执行董事和高级管理人员符合本规定的条件。

（8）有符合中国保监会规定的治理结构和内控制度，商业模式科学合理可行。

（9）有与业务规模相适应的固定住所。

（10）有符合中国保监会规定的业务、财务信息管理系统。

（11）法律、行政法规和中国保监会规定的其他条件。

（二）退出规则

保险专业代理公司、保险兼业代理法人机构和保险经纪公司退出保险中介市场，应当遵守法律、行政法规及其他相关规定。保险专业代理公司、保险兼业代理法人机构和保险经纪公司有下列情形之一的，银保监会派出机构依法注销许可证，并予以公告：

（1）许可证有效期届满未延续的（仅针对保险经纪公司）。

（2）许可证依法被撤回、撤销或者吊销的。

（3）因解散或者被依法宣告破产等原因依法终止的。

（4）法律、行政法规规定的其他情形。

对于保险公估人，有下列情形之一的，保险公估人应当在5日内注销保险公估从业人员执业登记：

（1）保险公估从业人员受到停止从业行政处罚的。

（2）保险公估从业人员因其他原因终止执业的。

（3）保险公估人停业、解散或者因其他原因不再继续经营保险公估业务的。

（4）法律、行政法规和中国保监会规定的其他情形。

二、中国内地保险中介机构高管任职资格

（一）保险专业代理机构和保险经纪人高级管理人员任职资格

保险专业代理机构和保险经纪人高级管理人员应当具备下列条件：

（1）大学专科以上学历。

（2）从事金融工作3年以上或者从事经济工作5年以上。

（3）具有履行职责所需的经营管理能力，熟悉保险法律、行政法

规及国务院保险监督管理机构的相关规定。

（4）诚实守信，品行良好。

（二）保险中介机构高管任职资格

对于保险公估人，聘用的董事长、执行董事和高级管理人员应当具备下列条件：

（1）大学专科以上学历。

（2）从事金融工作3年以上，或者从事资产评估相关工作3年以上，或者从事经济工作5年以上。

（3）具有履行职责所需的经营管理能力，熟悉保险法律、行政法规及中国保监会的相关规定。

（4）诚实守信，品行良好。

三、中国内地保险中介机构的日常监管

（一）经营行为

《保险代理人监管规定》和《保险经纪人监管规定》规定，保险代理人或者经纪人及其从业人员在办理保险业务活动中，不得有下列行为：

（1）欺骗保险人、投保人、被保险人或者受益人。

（2）隐瞒与保险合同有关的重要情况。

（3）阻碍投保人履行如实告知义务，或者诱导其不履行如实告知义务。

（4）给予或者承诺给予投保人、被保险人或者受益人保险合同约定以外的利益。

（5）利用行政权力、职务或者职业便利以及其他不正当手段强迫、引诱或者限制投保人订立保险合同。

（6）伪造、擅自变更保险合同，或者为保险合同当事人提供虚假证明材料。

（7）挪用、截留、侵占保险费或者保险金。

（8）利用业务便利为其他机构或者个人牟取不正当利益。

（9）串通投保人、被保险人或者受益人，骗取保险金。

（10）泄露在业务活动中知悉的保险人、投保人、被保险人的商业秘密。

《保险公估人监管规定》规定，保险公估人及其从业人员在开展公估业务过程中，不得有下列行为：

（1）隐瞒或者虚构与保险合同有关的重要情况。

（2）串通委托人或者相关当事人，骗取保险金。

（3）泄露在经营过程中知悉的委托人和相关当事人的商业秘密及个人隐私。

（4）虚开发票、夸大公估报酬金额。

（二）数据报送

保险专业代理或经纪公司应当在每一会计年度结束后聘请会计师事务所对本公司的资产、负债、利润等财务状况进行审计，并在每一会计年度结束后 4 个月内向保险监督管理机构报送相关审计报告。另外，应当根据规定向保险监督管理机构提交专项外部审计报告。

保险专业中介机构（还包括保险公估人）应当按照国务院保险监督管理机构的有关规定及时、准确、完整地报送报告、报表、文件和资料，并根据要求提交相关的电子文本，报送的报告、报表、文件和资料应当由法定代表人、主要负责人或者其授权人签字，并加盖机构印章。

四、中国内地保险中介从业人员资质管理和行业监管

保险公司、保险专业代理机构、保险兼业代理机构应当加强对个人保险代理人、保险代理机构从业人员招录工作的管理，制定规范统一的招录政策、标准和流程。保险机构应当委托或聘任品行良好的从业人员。

有下列情形之一的，保险代理人和保险经纪人不得聘任或者委托：

（1）因贪污、受贿、侵占财产、挪用财产或者破坏社会主义市场经济秩序，被判处刑罚，执行期满未逾5年。

（2）被金融监管机构决定在一定期限内禁止进入金融行业，期限未满。

（3）因严重失信行为被国家有关单位确定为失信联合惩戒对象且应当在保险领域受到相应惩戒，或者最近5年内具有其他严重失信不良记录。

（4）法律、行政法规和国务院保险监督管理机构规定的其他情形。

对于保险公估人，应当聘用品行良好的保险公估从业人员。有下列情形之一的，保险公估人不得聘用：

（1）因故意犯罪或者在从事评估、财务、会计、审计活动中因过失犯罪而受刑事处罚，自刑罚执行完毕之日起不满5年。

（2）被监管机构决定在一定期限内禁止进入金融、资产评估行业，期限未满。

（3）因严重失信行为被国家有关单位确定为失信联合惩戒对象且应当在保险领域受到相应惩戒，或者最近5年内具有其他严重失信不良记录。

（4）法律、行政法规和中国保监会规定的其他情形。

五、中国内地保险公司对中介机构及人员的管控责任

银保监会发布《中国银保监会办公厅关于加强保险公司中介渠道业务管理的通知》，通过强化对保险公司中介渠道业务各条线的监管，加强对中介渠道相关主体的全流程监管，强化保险公司对中介渠道合作业务的合规监管责任。

一是保险公司要建立权责明晰的中介渠道业务管理制度体系。具体

来看，保险公司通过各类中介渠道开展保险业务，应加强中介渠道业务管理；在总部设置中介渠道业务条线管理部门和专岗；具备合法、有效、稳健的中介渠道管理制度；具备信息化管理手段，业务管理信息系统、财务管理信息系统能够真实、准确、完整覆盖中介渠道业务全流程；建立中介渠道业务合规审计制度等。

二是保险公司要与合作中介渠道主体在委托合同中约定相关责任，落实中介渠道业务主体管控责任，加强资质管理、业务管理、档案管理，及时报告发现的中介渠道业务主体违法违规行为。

三是保险公司不得利用中介渠道主体开展违法违规活动。银保监会明确禁止了几种保险公司与保险中介公司之间常见的违法违规行为，如给予中介委托合同约定以外的利益，通过中介返还保费或者给予客户其他利益，通过中介套取费用，保险公司员工与中介联手骗保等。

四是保险公司要完善中介渠道业务合规监督。银保监会要求保险公司总部、省级分公司每个季度以及每个年度都要按时报送中介渠道业务报告，并对报告内容真实性负责。

第四节　中国内地保险中介行业组织的地位及作用

一、中国内地保险中介行业组织概述

中国保险行业协会和各地保险中介行业协会的宗旨是，在遵守国家宪法和法律、法规，遵守社会道德风尚的前提下，代表行业的观点和利益，为会员提供各项服务，同时协助银保监会的监管，加强行业自律，维护公平竞争，成为行业宣传、联结社会的积极力量。

二、中国内地保险中介行业组织的负责事项

（一）中国保险行业协会

保险业协会成立于2001年2月23日，是中国保险业的全国性自律组织，是自愿结成的非营利性社会团体法人，保险业协会的业务主管单位是中国银行保险监督管理委员会，登记管理机关是中华人民共和国民政部，协会的基本职责为：自律、维权、服务、交流、宣传。截至2020年9月，保险业协会共有会员333家，其中：保险集团（控股）公司13家，财产保险公司86家，人身保险公司89家，再保险公司12家，资产管理公司14家，保险中介机构58家，地方保险协会（含中介协会）44家，保险相关机构17家。

（二）保险中介行业协会

保险中介行业协会是由保险中介机构联合发起，在当地民政部门核准登记的社会团体法人组织，地方银保监局是其业务主管单位，成员主要包括保险代理、保险经纪和保险公估等保险机构。保险中介行业协会主要负责组织保险中介人员培训和资格考试，为从业人员建立登记和管理档案，制定行业职业道德和行为规范，处理成员间纠纷、受理客户投诉，协助银保监会政策传达等。

三、中国内地保险中介行业及从业人员信息档案管理

根据中介机构性质，保险中介行业及从业人员信息档案管理包括保险代理人、保险经纪人和保险公估人的信息登记、注销等。对中国保险中介机构从业人员或个人保险代理人的信息登记，由相应的保险中介机构完成。银保监会规定：保险中介机构应当对个人保险代理人和保险中介机构从业人员进行执业登记信息管理，及时登记个人信息及授权范围

等事项以及接受处罚、聘任或者委托关系终止等情况，确保执业登记信息的真实、准确、完整。

个人保险代理人、保险代理或经纪机构从业人员只限于通过一家机构进行执业登记。当从业人员需要变更所属机构的，新所属机构应当为其进行执业登记，原所属机构应当在规定的时限内及时注销执业登记，且保险中介机构不得委托未通过该机构进行执业登记的个人从事保险中介业务。当前，银保监会正在对个人保险代理人实施分类管理，加快建立独立个人保险代理人制度。

第五节 中国内地保险中介领域创新发展

一、互联网科技在中国内地保险中介领域的应用

（一）保险中介运用互联网科技现状

随着“互联网+”时代的到来，大数据、人工智能、云计算等新兴技术也被引入保险业，为行业高质量发展带来新的机遇。中国人寿、太平洋保险、平安保险等大型保险公司将公司发展重心向科技变革倾斜，持续推进保险科技的广泛和深化应用，通过线上化、数字化和智能化的展业平台赋能营销员，为营销员提供专业的、一流的专属智能培训服务，线上一体化智能展业工具平台，帮助提升营销员的业务水平、服务质量和服务效率。

传统型保险中介机构也积极把握互联网科技提供的机遇，开设网上保险超市，利用其与保险公司建立的合作关系优势，整合相关资源，将各家保险公司的保险产品信息搬上官网平台，为消费者提供产品信息了

解、比对、咨询、购买、理赔等一站式线上服务，优化业务流程，满足消费者全面的线上服务需求。

除了传统的保险公司在积极进行保险科技自主创新的战略布局外，第三方互联网公司也相继入场，以新设机构或是收购牌照的方式进军保险中介市场。他们利用其对互联网科技的掌握优势、平台自带的庞大用户流量和品牌效应，参与到互联网科技在保险中介领域的探索和应用。部分互联网公司持有的保险中介牌照信息汇总见表 10－1。

表 10－1　　头部互联网公司持有保险中介牌照一览表

互联网平台	保险经纪/代理公司
蚂蚁	蚂蚁保保险代理有限公司
百度	度小满保险经纪有限公司
腾讯	微民保险代理有限公司、北京腾诺保险经纪有限公司
京东	天津津投保险经纪有限公司
美团	重庆金诚互诺保险经纪有限公司
苏宁	苏宁保险销售有限公司
滴滴	中安风尚（北京）保险代理有限公司
小米	北京厚积保险经纪有限公司
新浪	兴民保险经纪有限公司
携程	携程保险代理有限公司、小贝保险经纪有限公司
国美	国美保险经纪有限公司
360	广东众康永道保险经纪有限公司
字节跳动	北京华夏保险经纪有限公司

（二）互联网科技运用在保险销售的具体方式

1. 精准营销，转化潜在客户

传统的保险中介营销是以保险营销员或是兼业机构作为起点，向熟人或是有潜在购买保险倾向的消费者进行展业，但这种方式接触到的客户数量有限，无法深入挖掘潜在消费者，并且宣传营销过于粗放，无法有针对性地对客户进行转化。而以阿里巴巴、腾讯等为代表的互联网公司平台则自带流量，日活跃用户高达几百万，使用用户的基础广，可以直接和海量的用户建立联系。此外，这些互联网平台都具有其独特的使用场景，许多特定的场景正好对应一些匹配的保险产品，因此可以直接为客户提供相应的购买渠道，将保险产品和服务直接融入娱乐、购物、医疗等生活场景中，满足消费者的保险需求。例如，阿里巴巴旗下的淘宝购物平台，在线上购物的场景中对应提供退货运费险；携程在客户购买出行机票的场景中提供航班意外险及航班延误险。

随着移动互联网技术的普及，大数据技术也纷纷落地，在各个商业模式中都起到了很大的推动作用，这其中也包括保险中介行业。通过对用户每个具体信息抽象成对应的标签，利用这些标签对客户进行形象刻画，商家即可快速而精准地分析出客户的行为习惯和消费习惯，对应进行有针对性的产品推广。这其中，腾讯控股的保险平台微保就将用户画像技术应用地十分成熟。微保根据用户特点，将用户分为成熟用户、高潜用户和未来用户。再通过婚育情况、出生年代、对保险人员的依赖程度、条款阅读的精细程度等信息将其用户分为高知新贵、思路清晰的奋斗青年、不爱计划的普通人和耳根软的传统大牌粉四类人群，对于这四类人群提供相应的的有针对性的营销干预，激发用户的保险产品购买需求。

2. 线上平台，提升服务效率

如今，线上交易已经深入人们生活中的方方面面，衣食住行都有相应的应用或是平台提供服务，保险交易也不例外。以平安保险、太平洋保险为代表的大型保险公司，大都为营销员研发配备线上一站式展业平台，营销员只需要利用笔记本电脑、平板电脑或是手机等电子设备登陆平台，即可完成投保信息录入、电子投保单确认、客户身份核验、电子签名、核保、线上缴费、承保等一系列保险购买流程。整个承保过程线上化，利用 OCR 识别技术，免去客户信息的手工录入，客户只需对证件信息拍照上传系统，即可实现数据的自动识别和快速录入，保证了客户信息的准确性和合规性；人脸识别和电子签名技术，则实现了客户身份自动验证，打破了签单关键环节的时空与地域限制，让客户无须现场纸质签字投保，线上即可完成保单的确认和签字，随时随地，轻松投保。这种承保方式，不仅为营销员提供了便捷、贴心的展业工具，优化业务运营流程，而且也提升了客户的消费体验，足不出户即可完成在线投保。另外，以慧择保险网、泛华网、中民保险网等为代表的保险中介机构，依托互联网平台，将各家保险公司的各个类型的保险产品汇聚在其官网上，构成了一个“保险超市”，用户在这一个官网平台上，即可了解到各个保险产品的价格、保障范围、投保期限具体信息。另外，平台还为客户提供保险资讯、保险咨询、风险评估、保险方案定制、在线投保、保单保全、协助理赔等一系列闭环保险在线服务，帮助客户足不出户即可完成保险产品的比较和购买。

二、保险科技应用在中国内地保险中介领域的监管要求

相较于国外的保险市场，中国的保险科技的发展仍处于起步阶段，但行业发展迅速，市场表现活跃。政府和相关监管机构高度重视其发展，近些年来发布了一系列的监管措施，监管环境逐渐趋于严格化，监管政策也逐步建立和完善。总的来说，中国的法规政策对于互联网科技在保险市场上应用的监管思路可以概括为三个方面：保护消费者利益、鼓励创新和防范风险。在相关法律规定上，中国的互联网保险科技监管以《保险法》为基础，结合互联网保险新的特性，保监会于 2015 年发布了《互联网保险业务监管暂行办法》，对监管对象、互联网保险产品、互联网保险经营规则、信息披露等方面都进行了要求。在此基础上，银保监会根据互联网保险领域出现的新情况新问题，对互联网保险制度进行了修改和完善，于 2020 年 12 月发布了《互联网保险业务监管办法》，其中有关保险中介领域的监管要求可以概括为以下几个方面。

（一）互联网保险经营主体与经营区域的监管

根据《互联网保险业务监管办法》第 7 条规定，对开展互联网保

险业务的保险机构及其自营网络平台作出了具体的监管要求，包括互联网行业资质许可证、运营信息系统、网络安全管理、营销模式、业务管理人员和制度等条件作出了规定。其中，对保险专业机构规定为全国性机构，经营区域不限于工商注册登记地所在省（自治区、直辖市、计划单列市），并且符合银保监会关于保险专业中介机构分类监管的相关规定；与保险公司合作的第三方网络平台只能提供保险产品展示说明等辅助支持服务，不得开展保险产品比价咨询和资金划转，如果涉及保险中介业务必须持牌经营①。

（二）互联网保险信息披露的监管

由于互联网保险业务开展方式的特殊性，有时保险人无法直接面对面与投保人进行交流，因此《互联网保险业务监管办法》第 12 条至第 14 条对保险机构开展互联网保险业务进行信息披露的内容作了具体要求，包括官网信息披露、自营网络平台信息披露和销售页面信息披露。保险中介机构应在自营网络平台设立统一集中的客户服务专栏，提供服务入口或披露承保公司服务渠道，保障客户获得及时有效的服务。保险中介机构销售互联网保险产品、提供保险经纪服务和保险公估服务的，应在自营网络平台展示客户告知书。

（三）互联网保险数据信息管理的监管

由于互联网保险的服务流程基本都是在线上完成的，客户在浏览时留下的个人数据信息可能会被储存，个人信息安全可能存在隐患，因此相关保险机构需要承担起保护消费者个人信息和数据的责任。《互联网保险业务监管办法》对此给出具体规定，在第 7 条的保险机构经营条件中对保险网络平台运营的信息管理系统网络安全等级保护认证进行规定；在第 37 条和 38 条中对网络安全和客户信息保护做了详细的要求说明，保障信息技术基础设施和安全保障体系安全可靠，保证客户信息收集、处理和使用的安全性和合法性。

---

① 刘英，刘敬明．网易保险下线［J］．中国金融，2019（07）：72－73.

总　　结

在中国香港地区保险中介市场上，保险中介包括保险代理人和保险经纪人，中介渠道的保费收入在总保费的占比则在90%以上，在2019年中国香港地区保险中介人也终于首次进入中国香港保监局的监管范围；在中国台湾地区保险中介市场上，保险中介包括保险代理人、保险经纪人和保险公证人，中介渠道的保费收入在总保费的占比约50%，监管工作主要由金融监督管理委员会下设的保险局和检查局开展；在中国内地保险中介市场中，保险中介包括保险代理人、保险经纪人和保险公估人，保险中介是中国内地保险销售的主要渠道，市场监管由中国银行保险监督管理委员会负责。

当前中国保险深度和保险密度与世界发达保险市场国家仍存在一定差距，保险需求仍有较大释放空间，保险意识和观念的深化将为保险中介行业的发展带来新的机遇。随着互联网技术的发展和保险科技的应用，互联网保险作为新型保险中介渠道已经成为一支生力军，中国的保险服务和保险消费正加速向线上迁移。2019年中国互联网保险业务实现保费收入约2785亿元，保险中介行业也在加速转型升级，以便更好地适应客户需求，目前已有500多家保险中介机构开展线上业务，个性化产品和便捷式服务不断增加。

启示与思考篇

保险中介是保险市场的重要组成部分，保险中介的产生和发展与保险市场相互促进结合。进入新时代以来，随着中国经济的繁荣和保险市场的扩大，我国保险中介市场也取得了突出的发展成果。相比于发达国家，中国保险中介达成的业务规模占比相对较低，中介行业虽然起步晚，但是未来发展前景广阔。如何有效促进保险中介行业的快速发展，近年来成为亟待深入探索和研究的行业热点话题。

在政府公信力和社会治理能力较强的中国，保险中介市场的监管主要由政府主导。中国银保监会作为中国银行业和保险业的国务院监督管理机构，负责承担保险中介机构的准入管理、制定保险中介从业人员行为规范和从业要求、检查规范保险中介机构的市场行为及查处违法违规行为等监管责任。中国保险行业协会作为中国保险业全国性自律组织，负责加强中介行业自律、研究、制定保险经纪、保险公估、保险营销领域的服务标准和管理规范，目前有部分直辖市或省会城市已成立相应的地区保险中介行业协会，如山东保险中介行业协会、广东保险中介行业协会、浙江保险中介行业协会等。

本书从保险中介的基本概念着手，介绍了保险中介的起源、发展历程以及宏观环境，从市场发展和监管制度两个角度解读了中国保险中介市场现状，并列举了当前国际上各发达国家存在的具有独特性的保险中介监管制度，为中国保险中介市场的未来发展和监管制度建设提供了宝贵的经验借鉴和前沿性问题的探讨。

第十一章　比较与启示

第一节　国际保险中介市场监管对比

一、保险中介监管体系对比

（一）欧洲典型保险中介监管体系

1. 英国保险中介监管

英国建立了以政府监管为指导、行业自律为主体的保险中介市场，宽松的政府监管与严格的行业自律高度协调的实施机制，是英国保险中介市场正常运行的后盾和保障。

在保险中介的管理上，英国保险中介人的行业自律性较强，且行业自律组织分工较细。英国政府享有对保险业实行全面监督和管理的权力，其监管机构侧重于对保险公司的管理，而对劳合社则依据专门立法赋予其自律的权利。保险经纪人协会不仅配合国家立法机关对保险经纪人的行为进行监督，还代表保险经纪人参与同政府、其他保险组织及商业机构进行的谈判①。

① 刘昕．我国保险中介行业发展研究［D］．暨南大学，2008.

从宏观层面的政府监管看，英国的法律对保险经纪人的监管最为严格；适用的法律主要有《2000年金融服务和市场法案》和FCA《规则和指引手册》，其中对保险经纪人的资格、职业行为、授权范围等有详尽的规定。

2. 德国保险中介监管

德国保险业受欧洲金融监管体系中欧洲保险和职业养老金管理局、德国联邦金融管理局监管。欧洲保险和职业养老金管理局主要在宏观上进行政策调控；联邦金融管理局对保险中介的监管属于协调监管。

德国比较注重法律的逻辑性，采用的也是民商分离的立法模式，重视对商业主体身份和权利义务的规定。与保险代理制度相关的法律主要是《商法典》《保险合同法》和《民法典》，其规定了具体的关于保险代理权利、代理法律关系、代理人法律地位和营业资格，他们相互之间的行为准则。《商法典》中具体明确地规定了保险代理人的法律地位等相关的内容，对保险经纪人的管理则主要依据《民法典》来进行①。

（二）美洲典型保险中介监管体系

美国保险中介监管。美国各州拥有独立的立法权，所以可以根据不同州的保险市场环境因地制宜地制定各种法律法规和特别规定，保险中介机构的立法呈现为多元化、差异化的特点。美国执行严格的政府监管与行业自律相结合的保险中介监管体制，严格的保险中介行为规范、完善的行业自律机制以及严格的资格认定、等级考核和培训制度等使得美国的保险中介监管颇具特色。

在保险中介管理方面，美国主要采取政府管理与行业自律的双重管理机制，独立保险代理人和经纪人协会、美国保险代理人和经纪人协会、美国寿险业协会、特许金融顾问协会、百万美元圆桌会等行业自律组织都对保险中介行业发挥着重要作用。在美国，保险属于州一级的事

---

① 王洪丽．我国保险中介机构监管问题研究［D］．吉林财经大学，2017.

务，由各州各自立法，确定对各自保险业和保险市场的监管。

联邦政府成立全国保险监督官协会，使其与州政府在保险中介制度实施上配合协调。州政府保险监督局负责对保险中介从业人员的行为进行具体控制。全国的保险专员协会负责沟通信息和协调相关政策，更好地配合行业自律，保证了保险中介制度运行和中介监管的高效性。

（三）亚太典型保险中介监管体系

1. 日本保险中介监管

日本政府对保险中介的监管实行的是行政管理和行业自律相结合的机制。就监管力度而言，日本强调政府管理，从事保险中介活动要经过保险监管机关批准，相较于美国和英国而言更为严格。

日本金融厅作为政府监管机构，对各保险中介人或机构的经营行为、财务状况等方面进行严格监督。日本人寿/财产保险同业协会，分别负责对寿险营销人和产险代理人的资格考试和等级认定管理工作，同时监督保险中介人的展业行为。保险同业协会设置不合格中介人情报信息系统，一旦中介人出现了违规行为，将被列入系统黑名单中，以此激励和约束保险中介人。

2. 新加坡保险中介监管

新加坡金融监管局拥有很高的独立性和权威性，对保险中介的监管实施的是一体化的保险监管制度。其中，保险经纪人相关事务的监管主要由 MAS 下属的保险部负责，在新加坡经营保险经纪业务须向 MAS 申请注册。而保险代理人的监管主要由普通保险行业协会负责，所有代理人、特定行业代理人和指定代理人的注册申请、延续申请、取消或暂停注册、关于违反《普通保险代理人登记条例》的调查、上诉和复职等均由普通保险行业协会负责。

新加坡保险业监管对细节要求苛刻，所有保险从业人员都需要通过标准化的考试和严格的培训。此外，金融监管局要求各家保险公司同一类产品的合同内容和写法需要统一范式，如重大疾病的定义，全部保险公司都是遵循新加坡保险协会的重大疾病列表和定义。

3. 澳大利亚保险中介监管

澳大利亚的金融行业监管实行的是双峰监管体制，其中澳大利亚审慎监管局负责审慎监管、澳大利亚证券投资委员会负责市场监管。在监管实践中，审慎监管局、证券投资委员会及澳大利亚储备银行三大金融监管机构由金融监管理事会进行协调，使成员间及时充分地交流信息，明确各自职责，形成高效的合作机制。

审慎监管局下属的保险部负责对所有持牌普通保险公司、寿险公司和友好协会及私人健康保险组织进行审慎监管；证券投资委员会负责给符合经营条件的金融服务机构发放统一的金融服务牌照，在申请牌照时需列明包含相应的业务，委员会还会对从业人员的信息进行披露。

（四）中国典型保险中介监管体系

1. 中国香港地区保险中介监管

中国香港地区对保险监管奉行“最大的支持，最小的干预”，采用政府监管和自律并重的实施机制。该地区的保险中介行业组织完善、架构成熟，发挥着重要的行业自律作用。监管机构则实行保险中介登记制度，为保险中介人执业资格和操守标准制定了最基本的要求。对于在保险业务的具体活动方面，保险监管则采取自由政策，对于保险人的保单条款和保费均不干预，对保险代理的手续费及佣金比例也未设定标准。

2. 中国台湾地区保险中介监管

中国台湾地区对保险中介制定了严格的约束性规则和法律法规，并实行着政府监管和行业自律并行的机制。在中国台湾地区，无论是个人、公司组织的保险中介机构还是保险中介的受雇人都被强制要求加入商业同业公会，并规定入会为换证的必要条件。从中国台湾地区的规定和实践来看，保险中介行业公会对于行业的自律、从业人员的教育培训与管理等方面具有不可替代的作用。在中国台湾地区保险中介人的主管机构为“台湾保险局”，主要负责保险中介人资格授予、市场准入、行为监管及资金运用等事项①。

3. 中国内地保险中介监管

在中国内地，银保监会是对保险中介实施监督管理的主体。在中国银保监会内部设有保险中介监管部，承担保险中介机构的准入管理，制定保险中介从业人员行为规范和从业要求，检查规范保险中介机构的市场行为，查处违法违规行为。

2020 年 11 月，银保监会印发《保险代理人监管规定》，加上此前发布的《保险经纪人监管规定》《保险公估人监管规定》，标志着三部规章共同构建的保险中介制度框架基本建立，形成《保险法》为统领、三部规章为主干、多个规范性文件为支撑的科学监管制度体系（见表 11－1）。

表 11－1　　各国家和地区保险中介监管对比

国家/地区	保险中介监管主要法律法规
德国	《保险监管法》《保险合同法》《贸易法》《保险分销指令》《偿付能力Ⅱ指令》《保险调解与咨询条例》等
日本	《保险业法》《保险业法施行令》《保险业法施行规则》《保险公司监管综合指引》《保险公司检查手册》等
新加坡	《保险法》《保险中介监管规定》《保险经纪及其经纪人员的最低从业标准及持续专业发展》《财务顾问法》等
英国	《2000 年金融服务和市场法案》《保险分销指令》《保险业：商业行为手册》等
美国	《纽约州保险法》《代理人再教育示范法》《保险中介人示范法》《授权代理人法》等
中国台湾	《保险法》《保险代理人管理规则》《保险经纪人管理规则》《保险公证人管理规则》等

① 刘昕．我国保险中介行业发展研究［D］．暨南大学，2008.

续表

国家/地区	保险中介监管主要法律法规
中国香港	《保险业条例》《持牌保险经纪公司的财务及其他要求》《获授权保险人的最高数目规则》《持牌保险中介人持续专业指引》等
澳大利亚	《2001 年公司法》《金融服务改革法》《澳洲未来财务咨询服务法》《职业责任法》《普通保险业务守则》等
中国内地	《保险法》《保险公司中介业务违法行为处罚办法》《保险公估人监管规定》《保险经纪人监管规定》《保险代理人监管规定》等

二、从业人员资质管理对比

保险中介市场正常运行的基础是拥有一批高素质、专业化的从业者，因此各国都会在从业者的准入资质上进行严格的筛选，包括从业资格考试认证、完善的培训教育体系以执业信息的登记备案。

根据 2005 年中国保监会印发的《保险中介从业人员继续教育暂行办法》，中国保险中介从业人员需要通过保险代理从业人员资格考试、经纪从业人员资格考试或公估从业人员资格考试取得相应的资格证书，并且必须接受继续教育培训。根据中国银保监会发布的《关于切实加强保险专业中介机构从业人员管理的通知》，保险专业中介机构应持续开展从业人员在职教育加强从业人员合规守法教育，将法律法规、监管规则标准、职业道德规范等内容作为入职和在职培训基本内容，每人每年培训时间不得少于 30 小时。新入职人员未通过专门考试评估，不得进行执业登记。授权从业人员销售新的保险产品前，应组织开展专门培训和相应测试。

基本上，各国保险中介监管机构都会定期举行相应的保险中介从业人员资格考试，并将其作为从业者进入保险中介市场的前提条件。新加坡要求保险经纪人及代理人具有普通保险（CGI）资格证书或任何其他同等资格，才可进行一系列保险服务。美国《保险中介人示范法》第5条为保险中介资格考试提供了指导意见，根据该条款，所有美国保险中介从业人员需要通过笔试，其内容包含基础知识、保险中介人的义务和职责以及适用于该州的保险相关法律法规。中国香港地区规定所有保险中介从业人员在取得牌照前，必须在职业训练局举办的保险中介人资格考试相关试卷中获得及格成绩。另外，有些国家还会对保险中介人员资格考试进行细化，如日本保险经纪人须根据其提供服务的保险种类，进行财产险和寿险的分类考试，由日本产险协会负责产险经纪人的资格考试，日本寿险协会负责寿险经纪人的资格考试。

除了通过职业资质考试来设定进入保险中介行业的门槛，在正式从业之前，各国还对从业者的专业培训教育和实践进行了详细的规定。如中国香港地区《持牌保险中介持续专业培训指引》规定个人持牌人(包括个人保险代理人、保险代理机构从业人员、保险经纪机构从业人员)、保险公司、保险代理、经纪机构应该在上年8月1日至次年7月31日的持续专业培训考核期中，参加培训活动获得最少15个持续专业培训时数，包括最少3个法规道德类培训，并在考核期结束前两个月(每年9月30日前)，需要以书面形式同时向所在保险公司、保险代理、经纪机构及保监局汇报参与培训的情况。部分国家只对保险代理人提出了严格的持续教育要求，而对于保险经纪人及保险公估人则放低要求，并未将持续教育作为强制性执业标准。新加坡要求所有代理人必须在当年12月31日之前完成其持续专业进修时数。否则，普通保险登记证书失效，续约失效的代理人只能在一年后申请注册。持续专业发展的培训时间只应在申请人成为代理人后参加培训时获得，普通保险代理人必须在第一年和第二年每年24小时，从第三年起每年15小时。而德国《专职代理人条例》规定，申请参加专职代理人考试，包括保险代理人，必须先参加一系列培训和实践。参试人员需要接受至少34个月的培训。培训包括3个阶段：至少有26个月在保险代理机构或者保险公司营销部，并在有经验的保险代理人带领下进行实践；在专利商标局实习 2 个月；在专利法院实习 6 个月。

三、市场准入及退出政策对比

在保险中介机构进入保险中介市场之前，监管机构会对其注册资本、管理人员、经营模式等方面进行审核，只有满足相应的条件，才能获取进入市场的资格。根据中国银保监会 2021 年 10 月发布的《保险中介行政许可及备案实施办法》，公司注册资本须为实缴货币资本并按银保监会有关规定实施托管，全国性保险专业代理、经纪机构的注册资本最低限额为 5000 万元，区域性保险专业代理、经纪机构的注册资本最低限额为 2000 万元，保险公估机构根据业务发展规划，须具备日常经营和风险承担所必需的营运资金，全国性机构营运资金为 200 万元以上，区域性机构营运资金为 100 万元以上。

相比于中国，其他部分国家和地区对保险中介机构的市场准入规则中注册资本的要求较为宽松。但由于保险经纪人提供的是基于投保人利益，同保险公司签订合同的服务，因此在销售过程造成的损失，都需要由保险经纪人独立承担，这就意味着保险经纪人需要有一定的资金保证来承受可能出现的损失风险。所以监管机构一般对保险经纪人的资金或财务风险承受做一定要求，而对保险代理人进一步放宽或不进行具体规定。如日本《保险业法》要求保险经纪人需寄存最低 4000 万日元，最高 8 亿日元的营业保证金，或经过金融厅批准后，提供银行担保或一名非寿险保险人的担保，或投保超过 4000 万日元的责任保险，才能开展保险经纪人业务；保险代理人则无具体金额规定，仅需在财务局完成登记并接受财务局的审查和记录。德国虽然对机构资本没有具体金额要求，但要求保险中介人必须购买合格有效的职业责任保险且保单范围至少应当包括：由于职业错误而导致的赔偿责任，赔偿每次损失至少为

123 万欧元或 127. 6 万欧元，一年的所有索赔事故赔偿至少为 185 万欧元或 191. 9 万欧元。而新加坡不仅对资本数额有要求，还对机构购买职业责任保险也做了规定。注册为直接保险经纪人、普通再保险经纪人或人寿保险经纪人的机构，其最低实缴股本不少于 30 万新加坡元，并且根据注册的保险经纪业务个数，最低实收股本还需以 30 万新加坡元为单位叠加。另外，还需投保职业责任保险，其赔偿限额应不少于 100 万新加坡元，免赔额应不超过申请人在上一财务年度结束时资产净值的 20% 。

对于保险中介机构市场退出情形，相关部门规章中对法人机构和分支机构退出列出负面清单，例如，法人机构许可证有效期届满未申请延续、许可证依法被撤回、撤销或者吊销；分支机构经营管理混乱，从事重大违法违规活动被法人机构解除业务授权的。其中，“经营管理混乱”是一个很宽泛的情形，目前还未有相关的文件对其进行细节方面的具体规定。在这一点上，国外的保险中介监管机构也未有一个具体的、可操作性强的判定标准，大都需要根据具体情形进行认定。如德国《贸易法》第 34 条规定的“事实证明申请人不具备企业所需的可靠性原则”；美国《保险中介人示范法》要求的“若因为保险中介存在，或是被法院、政府机构、根据法律授权的自律组织认定存在《保险中介人示范法》第 12 条所规定情形之一，或是保险公司终止对保险中介的任命、雇佣、合同或其他保险业务关系，保险公司或其授权代表应在该等终止生效的 30 日内根据保险监管局规定的格式向保险监管局报告”。

四、对中介机构管控要求对比

为加强保险中介市场监管，规范市场秩序，2019 年中国银保监会发布《关于加强保险公司中介渠道业务管理的通知》（以下简称《通知》），强调了保险公司在中介渠道业务管理中的责任身份，意在加强保险公司对于合作的中介机构业务合规性的管控。《通知》中要求保险公司应在公司设置专门的中介业务管理部门，并在公司管理层设有中介管理专人，对中介机构的执业资质、业务管理信息、财务管理信息等真实、准确、完整记录，健全对业务部门、各级分支机构的合规审核，确保中介渠道业务真实性和信息准确性。保险公司总部应当在每季度结束后 15 日内向银保监会报送中介渠道业务报告及数据表格电子版；每年 3 月 1 日前向银保监会报送上一年度中介渠道业务合规情况内部审计报告，并对报送信息的真实性负责。

比较而言，大部分外国保险中介监管机构对保险公司的要求则是须确保合作的中介机构是一个有资格、有能力、可信任的商业合作机构。德国要求保险公司在与中介人进行合作前，需要确保中介人经过一系列的培训和考试，并取得资格证书，以保证中介人具备相关的专业知识，且有提供详细的产品信息和有效的产品匹配的能力，而对于进行交易的保险经纪人，保险公司必须在确认其拥有许可执照，并且具备足够的资金之后才能接受保险经纪人的代理投保。新加坡要求保险公司在进行业务经营前应确保每个相关人员或保险代理人都经过充分培训，具备专业素养，遵守新加坡普通保险协会制定的培训和能力非强制性最佳实践标准，以提高服务标准。这其中不仅包括入职前的培训，还包括之后的一系列维持持续职业能力培训。

第二节　对中国内地保险中介监管的启示

对英国、美国、日本等的保险中介市场运行情况进行归纳后，不难看出以下共同点：一是保险中介占据着保险销售的主渠道，保险市场历史悠久，发展比较成熟；二是教育培训体系完备，从业人员素质较高；

三是有完善的法律体系和行业自律机制。从中可以总结一些规律性的成功经验，作为促进中国内地保险中介市场健康有序发展的参考[①]。

保险中介对于保险行业的繁荣发展不可或缺，也是保险市场的重要组成部分，是保险市场改革发展、逐步走向成熟的标志和成果。保险业越发达，保险中介越重要。新时代下的保险中介需要紧跟时代脚步，以保险科技的运用为依托，以风险防控为底线，持续防范化解各类风险，使行业走向高质量、可持续发展的道路。

一、不断完善监管法规

为确保保险中介合法经营并维护消费者权益，发达国家和地区都制定有相当完备的法律法规体系，在保险中介的从业资格、经营行为、违规处罚等方面作出翔实的规定。

保险监管部门应根据国际保险公司和保险中介的发展趋势，及时完善保险中介的法律制度和监管机制。发达国家和地区对保险中介监管均是基于市场变化和发展的客观需要，及时适当调整监管框架和法律政策。近年来，新兴的中国保险中介市场经历了从单一到多元化经营主体的发展历程，需要监管部门及时制定相应政策与保险业改革发展的新形势相适应，不断提高监管质量与效率，促进保险中介市场的健康发展。

与此同时，政府部门还需着力营造良好的政策和法律环境，形成新的保险业发展理念，把促进保险业发展纳入地方经济社会发展总体规划，回归保险业本源，将其作为构建和谐社会的重要内容，并致力于减轻保险企业负担，积极转换政府职能，循序渐进地让保险业承担起更多的社会风险管理职能，同时加强社会面保险宣传，提高全民保险意识，鼓励并支持企业及个人通过商业保险提高风险保障水平。

---

① 刘昕．我国保险中介行业发展研究［D］．暨南大学，2008.

二、健全并完善行业自律机制

英国、美国、日本等发达国家的经验表明，在保险中介市场发展得较为成功的地方，行业组织的自我完善和自律监督作用必不可少，这也是行业发展到一定阶段所必需的，更是行业成熟的标志之一。与外部监管相比，行业自律更能有效地保证整个经营环境的健康发展，更能引发行业主体经营机构的认同感。

完善的行业自律机制有利于保险中介行业的有效管理。我国应切实发挥保险行业自律组织的法律地位，将保险中介机构的一些日常性自律管理，如代理经纪人员的职业技能认证、市场行为自律、投诉处理等交由相关的行业协会负责，使行业自律组织真正成为保险中介行业的窗口和联系各方的纽带，以保证保险中介市场健康、稳定、有序发展。

三、提升从业人员培训与资质认定

高素质的保险中介从业人员是各类制度顺利运行和市场有序发展的前提。西方发达国家根据各自保险市场需要，建立了多层次的资格认证考试制度，确保保险中介从业人员符合各种类的业务要求，同时还配有职业培训和继续教育，借助各类自律机构和专门院校，聘请保险以及法律等方面专家来培养高级中介人才。严格的资质认定和完备的培训体系，有效提升了中介从业人员的专业水平和道德操守，使行业形象和公信度长期保持在较高水平。

目前我国保险中介人员的培训一般由所在公司负责，行业协会组织的资格考试内容相对简单，形式较为单一，未必能真正达到培训效果，使得中介从业人员的专业性距离预期目标尚存差距，影响了保险中介业务的优质化发展。我们需要不断优化并完善保险中介从业人员的分类、分级的考核制度，使其职业能力与业务资质相匹配，全面、精准地提升从业人员综合素质，以精湛的职业水准、严格的职业纪律和高尚的职业操守，重拾民众对保险业的信任，赢得社会各界的一致认可。

四、健全保险中介机构诚信体系

（一）完善信息披露制度

保险中介市场诚信文化建设需要不断完善信息披露制度，充分发挥社会和行业对中介市场的监督作用，构建保险中介诚信文化在分类监管的基础上，完善中介机构的信息披露机制并公开合规情况，加大对违法行为的打击力度，提高监管效率和力度。

（二）建立从业人员信息服务平台

在保险中介从业人员管理方面，应建立从业人员信息服务平台，为社会公众提供查询行政处罚、监管信访和行业投诉等服务，并公布从业人员资质，建立行业淘汰机制，鼓励中介从业人员自觉自律诚信经营，共同营造风清气正的市场环境。

（三）建立媒体宣传联动机制

可以积极发挥公众媒体的监督作用，对于保险中介行业的监管，不能忽视公众媒体所发挥的作用，应积极接纳公众媒体监督，这是建立全方位保险中介监管体制的重要支撑。

（四）多方协作严惩失信行为

监管部门及中介机构应共同对失信行为予以严厉打击，推进切实可行的惩罚机制，加大监督力度严惩失信者，有效提高失信成本，净化保险中介市场，不断提升行业公信力。

总　　结

一般来说，各国的保险中介监管体系与本国国情相适应，保险中介市场规模不同，市场发展状况不一，各国政府采取的监管体系也不尽相同。美国、英国、德国、新加坡等保险市场发达的国家通常实行政府监管加行业自律的双重监管模式。在这种监管模式中，政府制定相关法律法规来规范保险中介机构行为，对具有违法违规行为的机构进行处罚；而相关行业协会在颁布的规章制度基础上进行操作细节上的补充和延伸，对行业内部进行自我监管，规范从业者的市场行为。英国由金融行为监管局以及《2000 年金融服务和市场法案》对保险经纪人监管作出规定和要求，并依法成立了保险经纪人注册理事会，对保险经纪人的信誉、宣传及服务进行监管，由英国保险经纪人协会配合国家立法机关对保险经纪人的行为进行监督。新加坡由普通保险行业协会等行业自律组织按照 MAS 的监管原则设计保险代理行业的经营准则，并依据协会准则对保险代理市场中保险公司的行为、保险代理人的市场准入等进行监督与管理。

本书分别在欧洲篇、北美篇、亚太篇和中国篇，从保险中介的组织类型及发展情况、保险中介监管体系及法律法规、保险中介的准入政策及市场行为监管、保险中介行业组织的地位及作用、保险中介领域创新发展五个方面，详述德国、英国、美国、日本、新加坡、澳大利亚、中国香港、中国台湾、中国内地的保险中介市场监管情况，阐释了各国家和地区之间保险中介监管体系和保险中介市场运行模式的特点与差异。

在本书结尾，对国际保险中介市场监管制度进行梳理，从中介从业人员资质、市场准入及退出政策、保险公司对中介机构管控要求等方面对各国家和地区保险市场特点进行比较分析，并提出四点政策建议：第一，应不断适度调整监管法律法规，并营造有利的政策法制环境。第二，应逐步建立健全行业自律机制。第三，应优化从业人员资质认定和培训体系。第四，应加快构建健全的保险中介机构诚信体系。希望本书有益于不断借鉴学习国际保险市场先进经验，因地制宜地推进中国保险中介市场的发展与监管。

GUOJI BAOXIAN ZHONGJIE
SHICHANG FAZHAN JI JIANGUAN TIXI YANJIU

中国财政经济出版社
微信公众号
（请用微信“扫一扫”）

中国财政经济出版社
天猫旗舰店
（请用手机天猫APP“扫一扫”）

ISBN 978-7-5223-1717-5
9 787522 317175 >

定价：79.00元